Die wittenbergische Nachtigall

Johannes Block (Hg.)

Die wittenbergische Nachtigall

Luther im Gedicht

EVANGELISCHE VERLAGSANSTALT
Leipzig

JOHANNES BLOCK, Dr. theol., Jahrgang 1965, studierte Evangelische Theologie in Bonn, Heidelberg und Zürich. Er ist Pfarrer an der Stadtkirche Wittenberg und Privatdozent für Praktische Theologie an der Universität Leipzig.

Bibliographische Information der Deutschen Nationalbibliothek
Die Deutsche Nationalbibliothek verzeichnet diese Publikation in der
Deutschen Nationalbibliographie; detaillierte bibliographische Daten
sind im Internet über http://dnb.dnb.de abrufbar.

© 2013 by Evangelische Verlagsanstalt GmbH · Leipzig
Printed in Germany · H 7668

Das Buch wurde auf alterungsbeständigem Papier gedruckt.

Gesamtgestaltung: Ulrike Vetter, Leipzig
Druck und Binden: BELTZ Bad Langensalza GmbH

ISBN 978-3-374-03422-2
www.eva-leipzig.de

Detlev Block zum 80. Geburtstag

Inhaltsverzeichnis

Luther im Gedicht. Zur Einführung

Johannes Block

Der Ruf und Schall der »wittenbergischen Nachtigall« blieb nicht ohne Resonanz und Widerhall. Die Wirkungsgeschichte Martin Luthers, der Initialfigur der Reformationsbewegung, ist gewaltig. Bereits zu Luthers Lebzeiten finden dessen Thesen, Vorlesungen, Schriften, Predigten, Briefe, Bibelübersetzungen und Tischreden ein breites Echo. Luther verfasst zahlreiche Bücher, die in hohen Auflagen gedruckt werden. Luther ist in aller Munde – in deutschen Landen und darüber hinaus. Nie zuvor und nie danach hat ein deutscher Universitätsprofessor, der Luther zeitlebens blieb, eine derartige Wirkungsgeschichte ausgelöst, die gleichermaßen auf Politik und Kirche, auf Freiheitskampf und Gewissensbildung, auf Sprache und Volksbildung, auf Nationalgefühl und Konfessionsidentität Einfluss genommen hat.

Zu den Momenten einer Wirkungsgeschichte enormen Ausmaßes gehört, dass sich überzeugte Anhänger wie radikale Gegner finden. Luther polarisiert. Die Äußerungen über seine Person und sein Werk sind Legion.[1] Sie enthalten Belobigung und Verteufelung, Heroisierung und Ächtung, Bewunderung und Befremden. Zuweilen reiben sich Bewunderung und Befremden wie zwei Seelen in einer Brust. Eine klassisch gewordene Äußerung findet sich bei Thomas Mann:

Martin Luther [...] ich liebe ihn nicht, das gestehe ich ganz offen. Das Deutsche in Reinkultur, das Separatistisch-Antirömische, Anti-Europäische befremdet und ängstigt mich, auch wenn es als evangelische Freiheit und geistige Emanzipation erscheint, und das spezifisch Lutherische, das Cholerisch-Grobianische, das Schimpfen, Speien und Wüten, das fürchterlich Robuste, verbunden mit zarter Gemütstiefe und dem massivsten Aberglauben an Dämonen, Incubi und Kielkröpfe, erregt meine instinktive Abneigung. Ich hätte nicht Luthers Tischgast sein mögen, ich hätte mich wahrscheinlich bei ihm wie im trauten Heim eines Ogers gefühlt und bin überzeugt, daß ich mit Leo X., Giovanni de Medici, dem freundlichen Humanisten, den Luther ›des Teufels Sau, der Babst‹ nannte, viel besser ausgekommen wäre. [...]

Nichts gegen die Größe Luthers! Er hat nicht nur durch seine gewaltige Bibelübersetzung die deutsche Sprache erst recht geschaffen, die Goethe und Nietzsche dann zur Vollendung führten, er hat auch durch die Sprengung der scholastischen Fesseln und die Erneuerung des Gewissens der Freiheit der Forschung, der Kritik, der philosophischen Spekulation gewaltigen Vorschub geleistet. Indem er die Unmittelbarkeit des Verhältnisses des Menschen zu seinem Gott herstellt, hat er die europäische Demokratie befördert, denn ›Jedermann sein eigener Priester‹, das ist Demokratie.[2]

Dass sich im Blick auf Luther Bewunderung und Befremden kreuzen, zieht sich bis in Äußerungen aus jüngerer Zeit hinein. Wilhelm Bartsch, der als ein zeitgenössischer Autor in diesem Band vertreten ist, zeigt sich hin- und hergerissen zwischen dem erstaunlich altertümlichen und dem anregend marktkritischen Luther:

Luther war ein Mann mit vielen Ecken und Kanten. Luther war äußerst schwach im Rechnen. Kopernikus hielt er für einen

Dummkopf, der nicht richtig in den Himmel gucken konnte, und die Entdeckung Amerikas durch Kolumbus war für Luther ein unwichtiges Randereignis. Luther glaubte an Gespenster und Teufel, an Elfen, Kobolde und Hexen. Er warf mit Tintenfässern nach ihnen und prahlte nicht, wenn er sagte: »Wenn so viele Teufel zu Worms wären wie Ziegel auf den Dächern, wollte ich doch hinein!«

Dennoch war Luther kein Narr und liebte ausdrücklich »Wein, Weib und Gesang«. Selbst der »Weihnachtsbaum« wird ihm manchmal zugeschrieben. Aber vor allem hatte er als ein Bauern- und Bergmannssohn aus dem Mansfeld sein Gerechtigkeitsgefühl. Doch empörte er sich erst, wenn es nicht mehr anders ging. Und natürlich konnte Luther auch nicht in die Zukunft schauen. Luther wusste oft auch nicht, ob sein Handeln wirklich richtig war. Doch er handelte. Aber ein Händler war er gar nicht. ICH BIN SO FREI, rief Luther im »Großen Sermon vom Wucher« 1524: »Wie kann es nach göttlichem und menschlichem Recht so zugehen, dass jemand in so kurzer Zeit so reich wird, dass er Könige und Kaiser auskaufen kann?«

Vielleicht war es zuerst Luther, der sich empört hat, dass man für Geld alles, bis hin zu einem reinen Gewissen, kaufen zu können glaubte! Anlass zu Luthers Thesen und zur Reformation war ja, dass der Papst den Vatikan neu und prächtig, wie er heute noch steht, erbauen wollte und dazu der deutsche Kardinal in Halle so süchtig nach den kostbarsten Reliquien war! Beide brauchten also Unsummen, die sie auch durch Ablasshandel eintreiben wollten. Ein Mörder konnte zum Beispiel einen entsprechend teuren Ablassbrief kaufen, der ihn vom Mord freisprach. Es gab Ablassbriefe für noch nicht begangene Sünden, selbst für Sünden der Kinder und Kindeskinder! Luthers brennende Aktualität besteht vor allem darin, dass er mit seinem Wort, mit seiner Tat zeigte, dass – DA FREI ICH BIN – nicht alles käuflich ist! Und schon gar nicht

Würde, Freiheit und wahres Glück! Luther war anscheinend
einer der besten Katholiken aller Zeiten! Er war so großartig
alltäglich und wichtig auf unserer Erde, dass ihn der Papst
wohl erst in etwa dreihundert Jahren heilig sprechen könnte![3]

Resonanz und Widerhall hat die »wittenbergische Nachtigall«
auch in der Poesie gefunden. Das in diesem Band aufgenommene
Spruchgedicht von Hans Sachs zeigt, dass Luthers Weg und Werk
von früh auf zum Stoff der Poesie geworden ist. Das Ausmaß der
poetischen Produktion ist unübersehbar:

Ungezählt sind Produkte der Literatur, die Romane, Novellen,
Epen, Gedichte, Dramen und Filme, deren Gegenstand Luther
ist. Daß keines mehr als ephemere Bedeutung hat, von der
literarischen Qualität ganz zu schweigen, folgt aus einem
Doppelten: Entweder handelt es sich um Tendenzliteratur [...]
Oder es handelt sich um das Herausgreifen einzelner Züge,
die notwendig zu einer Verflachung des Lutherbildes führen.[4]

Die vorliegende Auswahl konzentriert sich in einem repräsenta-
tiven Gang durch die Jahrhunderte auf namhafte Autoren und ist
an einer profilierten Aussage interessiert, die über die Tradition des
konfessionell und national überhöhten Pathos hinausgeht.[5] Hagio-
graphische Züge finden sich freilich auch in einigen Gedichten
dieses Bandes, was unvermeidlich zur Typik einer jeweiligen Epoche
gehört. Neben die Darstellung und Glorifizierung eines Vorbildes,
das allgemeinbildend auf poetischem Weg vergegenwärtigt wird,
treten zunehmend Distanz und Kritik. Auf die Stiftung und Etab-
lierung des Lutherstoffs folgt die kritische Inspektion einer deutschen Jahrhundertfigur. Die zweifache Reaktion von Bewunderung
und Befremden durchzieht auch das Lutherbild in der Poesie. Die
Texte von Rudolf Otto Wiemer, Kurt Marti, Erich Fried oder Kurt
Hutterli stiften ein kritisches Gedächtnis. Bei Johann Wolfgang

von Goethe, August Heinrich Hoffmann von Fallersleben, Emanuel Geibel oder Gottfried Keller ergeben sich von Luther aus Impulse für ein erneuertes Aufleben der Kirche. Im Blick auf das 500-jährige Reformationsjubiläum bedarf es weiterer Gedichte, die auf neue Wege führen und etwa Luther als internationale und überkonfessionelle Figur entdecken und entgrenzen. Auch Luthers Polemik wider die Altgläubigen, wider die Juden oder im Bauernkrieg ließe sich poetisch verarbeiten. Dann träte das Menschenmaß einer Jahrhundertfigur in all ihrer Begrenztheit vor Augen. Das Aufleuchten einer begrenzten Humanitas wäre in einer Epoche entlastend, in der der Mensch auf der atemlosen Suche nach Lebensfülle und Perfektion scheinbar von keinem Maß und keiner Grenze weiß. Das Menschenmaß in all seiner Begrenztheit würde den Lutherstoff, der größtenteils im poetischen Gloria lebt, durch ein poetisches Kyrie weiten.

Einige der Gedichte greifen bestimmte Stichworte aus Luthers Theologie auf, beleuchten und verstärken sie oder reiben sich an ihnen (Friedrich von Logau, Kurt Marti, Inge Meidinger-Geise, Eva Zeller, Detlev Block). Das erwähnte Spruchgedicht von Hans Sachs bietet ein gereimtes Kompendium der Lehre Luthers, gerahmt durch die streitbare Illustration der damaligen kirchlichen Situation. Aufs Ganze besehen zeigen die ausgewählten Gedichte mehr Interesse an Luthers Biographie als an Luthers Theologie. Weniger die Lehre und mehr das Leben scheint die poetische Feder zu inspirieren. Freiheitskampf, Selbstfindung und Gewissensbildung sind Motive, die einerseits zu beeindruckenden Charakterstudien eines mit sich ringenden Individuums führen (Theodor Körner, Conrad Ferdinand Meyer, Gerhart Hauptmann, Ludwig Bäte, Richard Willy Biesold, Eva Zeller, Christian Lehnert), andererseits sich ein Beispiel am Vorbild nehmen:

Auch ich [...] will [...] protestieren (Johann Wolfgang von Goethe),
Tritt ein für deines Herzens Meinung (Theodor Fontane),
›Das bin ich!‹ zu sagen (Börries von Münchhausen).

Markante Stichworte wie *Glauben, Papst, Kaiser, Worms, Wartburg, Teufel, Tintenfaß, Bibelbuch, Freiheit, Ein feste Burg, Bekenntnis, Wort, Gottes Gnade* tauchen in der Auswahl wiederholt auf und tradieren eine Luthersche Biographie, die Bestimmtes einprägt und festsetzt, anderes verschweigt und vergessen lässt. Das tradierte, für objektiv gehaltene Lutherbild speist sich letzten Endes nicht anders als aus subjektiven Wahrnehmungen. Eine Annäherung an Luther ist immer gefärbt vom Vorurteil einer jeweiligen Epoche und eines jeweiligen Autors. Dem Gedicht lässt sich zugutehalten, dass es eine redliche, weil offenbare Form der Annäherung ist, denn im poetischen Verhältnis ist die subjektive Wahrnehmung mitgesetzt und gefordert:

> *Das Gedicht ist die riskanteste, die schamloseste aller literarischen Formen. Ein Dichter – meinte Goethe [...] – sei umsonst verschwiegen, denn »Dichten selbst ist schon Verrat«. Lyriker sind professionelle Exhibitionisten – nur daß sie nicht etwa ihre Blöße poetisieren, sondern in der Poesie bloßstellen.*[6]

»Luther im Gedicht« bietet einen vielfachen poetischen Zugang zu einer Jahrhundertfigur. Den Rahmen bilden jeweils drei Erzähl-Gedichte, die markante Lebensstationen Luthers aufgreifen und ausmalen. Eine Zeittafel im Anhang listet weitere Lebensdaten auf, mit deren Hilfe sich die biographischen Hintergründe, auf die in den Texten teils angespielt wird, erschließen lassen. Im Mittelpunkt des Bandes steht eine repräsentative Sammlung von 36 Gedichten, die aus unterschiedlichen Jahrhunderten in chronologischer Folge angeordnet sind. Sie bilden keinen Kanon der Lutherverehrung, sondern wollen je und je ansprechen und gebraucht werden:

> *Gedichte sind Gebrauchsgegenstände, nicht Geschenkartikel im engeren Sinn. Der Leser wird höflich ermahnt, zu erwägen, ob er ihnen beipflichten oder widersprechen möchte.*[7]

»Luther im Gedicht« möchte Freude am Lesen und Vorlesen bereiten. In der poetischen Begegnung schwingt ein Tiefenklang mit, der wesentlicher berührt und bewegt als der durchkalkulierte Ton der Lebensroutine und des Alltagsgeschäfts. Das Gedicht überspringt die in unserer Zeit geforderten und gesuchten Maßstäbe der Wissenschaft und der Unterhaltung:

> *Der Mensch unserer Tage ist oft der Belehrung so müde wie der Zerstreuung. Was er ersehnt, sind Wege zu tieferen Daseinsformen, Wege, die aus der Bedrängnis des Alltags herausführen, die den Blick freigeben auf unbekannte, auf schönere Reiche. Gerade diesen Blick schenkt uns das Gedicht. Es belehrt nicht: es erhellt. Es zerstreut nicht: es entrückt. Es läßt uns teilhaben an Welten, die allen anderen Schritten unerreichbar sind. Es überwindet die Not des Daseins, indem es große Sinnbilder beschwört und an ihrer Hand uns in das Reich des Ewigen hebt. Das Gedicht ist nicht Zierat des Lebens, sondern ein unentbehrlicher Teil. Die Menschheit würde ärmer, wenn sein Widerhall erstürbe.*[8]

Im Lesen und Vorlesen wird man sich dem Leben und Werk Luthers auf poetische Weise nähern und dabei unterschiedliche Farbspiele, Facetten und Nuancen wahrnehmen: glorifizierend, pathetisch, biographisch, erzählend, freiheitsbewegt, geistlich, humorvoll, pointierend, kritisch, fragend. In all der Fülle der Zugänge mag es kommen, dass man an der einen oder anderen Stelle lesend innehält und Luther als eine Jahrhundertfigur entdeckt, die *man auch heute noch bewundern kann* (Gottfried Benn).

Editorische Notiz: Eckige Klammern [ ] wurden vom Herausgeber eingefügt. Das Spruchgedicht »Die wittenbergische Nachtigall« von Hans Sachs wurde zwecks Übersichtlichkeit mit Überschriften und mit Absätzen eingerichtet.

Luthers Herkunft und Leben
im Erzähl-Gedicht

Herkunft

Wilhelm Horkel (1909 – 2012)

Weithin über Thüringens grünes Land
ist die Luthersche Sippe ausgespannt.

Sind nicht wie die Bachischen Musici.
Mit schwieligen Händen für kargen Gewinn
schreiten sie über die Felder dahin,
hüten das scheckige Vieh,
führen das braune Korn in die Scheuer,
schürfen im Bergwerk als Häuer.
Landstörzer, Fuhrleute, Holzknechte
finden sich in Luthers Geschlechte.
Wo je sie sich niederlassen,
sind sie bald heimisch in Gärten und Gassen.
Heimat ist ihnen der nährende Grund.
Sind zumeist Landleute. Stadtleute kaum.
Bescheidenes Glück, das im Glauben ruht.

Der Stamm ein breitblättriger blühender Baum,
von der Wurzel bis zur Krone gesund.
Kind und Kindeskindern ein sicherer Hort.

Dann kam Martinus: der pflügt mit dem Wort
den Acker der Christenheit mutig um,
dass allerorten wachse das Evangelium.

Bauern raunen in seinem Blut.

Die Thesen

Wilhelm Horkel (1909–2012)

Aus eng ummauerter Klosterkammer
tritt ein Mönch in das Morgenlicht.
's ist Allerheiligen-Ablasstag.
Mit wuchtigen Hieben führt er den Hammer
Schlag auf Schlag eilends gegen das Kirchenportal.
Was er verficht, ist Latein, das die Bürger nicht verstehen,
aber die Priester, die stündlich vorübergehen.
Ein loses Blatt – ein theologisch Gericht,
aus dem die luthersche Lehre spricht.
Sind fünfundneunzig Sentenzen,
im Angriff gegen Päpste und Eminenzen.
Das Stadtvolk geht später vorbei, verwundert:
was sollen die Sätze, beinahe hundert?
Doch bald wie auf Engelsflügeln,
durch keinen Widerstreit zu zügeln,
auflodernd wie wachsender Brand,
fliegen die Sätze verdeutscht durch das Land.
Nur der Bibel granitene Wahrheit
soll künftig gelten in aller Klarheit.
Luthers Sätze, scharf geschliffen,
werden von Tetzel angegriffen:
»Ist der Mönch ein Urian? Ein Leviathan?«
Doch Luther: »Ich klopfte ungestüm bei Paulus an.
Denen in Rom hab' ich mein Süppchen angerührt
und sie falscher Lehre überführt.
Die Kirche bedarf meines Dienstes nicht.
Aber Christus nahm mich in seine Pflicht.
Ich widerrufe nicht!«

Worms

Wilhelm Horkel (1909–2012)

In Worms, vom Kaiser zum Verhör geladen,
trotzt Luther dem Edikt und Banne ungebeugt.
Dem Ketzer droht die Reichsacht ohne Gnaden,
doch hat er dort, klar wie Kristall, bezeugt:

Allein die Schrift: »Mit ihr leb ich im Paradiese,
ist Christi Brief und gülden Testament«,
»Fundgrube, niemals ausgegründet, Weide, Wiese,
Zeugnis und Siegel jedem Sakrament.«

Allein die Gnade: »Täglich angeboten,
doch immer mächtiger als grobe feiste Sünden«,
»Geheimnis Christi, niemals auszuloten –
wie willst du sonst den Teufel überwinden?«

Allein der Glaube: »Ist dein Gottesdienst,
er will erlitten und erstritten sein,
weil du sonst nicht das Himmelreich gewinnst« –
»Im Dunkel schenkt er eitel Sonnenschein.«

Christus allein! »Sonst wüsst ich nicht, von Gott zu handeln,
aus ihm, durch ihn, zu ihm fließt all mein Denken.«
»Er findet dich. Er wird dein Kreuz verwandeln,
du aber sollst dein Herz ihm fröhlich schenken.«

Luther im Gedicht
durch die Jahrhunderte

Die wittenbergische Nachtigall, die man jetzt höret überall

Hans Sachs (1494 – 1576)

[1. Bildteil / Allegorie]
[1.1. Der Schall der Nachtigall]

Wacht auf, es naht der helle Tag!
Ich höre singen im grünen Hag
Eine wonnesame Nachtigall,
Und Berg und Tal durchdringt ihr Schall.

[1.2. Die neuerwachte Schafherde]

Im Osten ist, indes die Nacht
Sich westwärts neigt, der Tag erwacht;
Das Morgenrot, ein Flammenmeer,
Zerteilt die Wolken ringsumher,
Und flüchtend vor dem Sonnenlicht,
Verbirgt der Mond sein Angesicht;

Sein falscher, trügerischer Glanz
Er ist verblichen, der so ganz
Zuvor die Schafe rings geblendet,
Daß sie sich töricht abgewendet
Von ihrem Hirten und der Weide
Und haben sie verlassen beide
Und schlugen, von des Mondes Schein
Getäuscht, den Pfad zur Wildnis ein;
Haben des Löwen Stimme gehört
Und folgten diesem wahnbetört;
Der hat sie dann mit arger List
Geführt, wo nichts als Wüste ist.
Ach, statt der Süßen Weide sah
Nur Distel und Dorn die Herde da.
Auch legte der Leu ihr heimlich Schlingen,
Darein die Schafe arglos gingen.
Und wie ihr Hals erst stak im Strick,
Zerriß und fraß er Stück für Stück.
Auch lauerte ein ganzer Hauf'
Reißender Wölfe den Armen auf,
Der gierig, mit dem Leu im Bund,
Die Schafe molk und fraß und schund.
Auch lagen Schlangen versteckt im Gras,
Welche die Herde ohn' Unterlaß
Aussogen bis, der Kräfte bar,
Dalag der Schafe ganze Schar
Und schlief die lange, lange Nacht. –
Nun aber sind sie neuerwacht
Vom süßen Sang der Nachtigall,
Und taghell wird es überall,
Daß ihren Irrweg sie voll Grauen
Und Wölf' und Leu mit Augen schauen.

[1.3. Der Zorn der wilden Tiere]

Doch auch der Löwe schreckt empor,
Voll Zorn, weil auch zu seinem Ohr
Der laute Sang, den jene singt,
Der Sang vom Sonnenaufgang dringt,
Mit dem sein Reich ein Ende nimmt.
Drum stellt der wilde Leu ergrimmt
Der Nachtigall, die ihn erbeben
Gemacht, voll Arglist nach dem Leben.
Doch die verbirgt sich wohl im Hag,
Daß er sie nicht zu fahn vermag,
Und findet fröhlich für und für.
Nun dient dem Leu manch wildes Tier;
Das möchte die Feindin überschrein:
Bock, Katze, Esel, Schneck' und Schwein, –
Umsonst, verstummen macht sie all'
Der laute Sang der Nachtigall,
Die ihnen zehnfach überlegen.
Nicht minder sich die Schlangen regen;
Wie zischt und wispelt ihr Gezücht,
Aus Furcht vorm lieben Tageslicht!
Umsonst, die Schafe fliehn die Brut,
Die sich genährt von ihrem Blut
Und durch die Lüg' uns lang gekirrt,
Der Leu sei doch der beste Hirt,
Und seine Weide gut und süß,
Und gern die Feindin verbrennen ließ.
Desgleichen geht's den Fröschen nah,
Die quaken laut, es sauge ja,
Deren Botin die Nachtigall wär,
Die Sonne ihnen den Tümpel leer;
Die Gänse schnattern auch: »Gagag,

Fort mit dem hellen, lichten Tag!
Ist's hell genug doch überall.
Was singt da Neues die Nachtigall?
Verkündet uns des Tages Wonne,
Als wär mit einemmal die Sonne
Und nicht der Mond das allerbeste!
Wenn sie doch schwieg' in ihrem Neste;
Lehrt nichts als Aufruhr ja den Schafen!
Man sollt' mit Feuertod sie strafen!«
Doch ist umsonst ihr Mordgeschrei,
Sie kommen dem Sonnenlicht nicht bei,
Die Nachtigall singt viel zu klar,
Und viele nehmen des Sanges wahr
Und kehren wieder, die verirrten
Schäflein, zu ihrem rechten Hirten,
Und mancher meldet mit Jubelschall
Den Tag, grad wie die Nachtigall.
Und ob die Wölfe die Zähne blecken,
Die Ärmsten jagen die Dornenhecken
Und peinigen bis auf das Blut
Und grimmig drohn mit Feuersglut,
Wo einer noch vom Tage spricht.
Sie wehren doch der Sonne nicht,
Den lang versperrten Weg zu gehn.

[2. Erklärungsteil / Deutung]
[2.1. Doktor Martin Luther]

Daß ihr nun recht mich mögt verstehn,
Wer diese Nachtigall, die frei
Den hellen Tag verkündet, sei:
Zu Wittenberg ein Mönchlein, wißt's,
Der Doktor Martin Luther ist's,
Der uns erwecket aus der Nacht,
Darein der Mondschein uns gebracht.

[2.2. Das römische Regiment]

Der Mondschein aber ist die Lehr'
Der Menschen, die uns hin und her
Geführt, – die Irrlehr', der wir blind
Gefolgt vierhundert Jahre sind,
So daß die Herde gar nicht mehr
Nach Christi Botschaft trug Begehr
Und, ab sich wendend von Jesu Christ,
In die Wüste zum Löwen gegangen ist,
Wie sich auf Deutsch der Papst benennt;
Und dies sein geistlich Regiment,
Das ist die Wüste, wie ihr jetzt spürt,
Worein er uns voll Trug geführt.

Die falsche Weide aber ist
Sein Gottesdienst, der jetzt – wer wüßt'
Es nicht? – im Schwange noch auf Erden,
Mit Pfaff- und Mönch- und Nonnewerden,
Mit Kuttentragen und Tonsur
Und Kirchenplärren nach der Uhr,

Mit Fasten, Wachen und Gebet
Und Horasingen früh und spät,
Mit Köpfeneigen, Geißeln, Knien,
Mit, merk's wer's kann, welch andern Mühn,
Mit Glockeläuten, Zymbelnschlagen,
Mit Kerz- und Heiligtümertragen,
Mit schnödem Ablaßbriefverkaufen,
Mit Räucherungen, Glockentaufen,
Mit Wachs- und Salz- und Wasserweihen;
Der arme Klerus! – Und die Laien,
Hei wie sie opfern, Lichtlein brennen,
Zu Heiligendienst und Wallfahrt rennen,
Des Tages feiern, abends fasten,
Im Beichtstuhl sich der Sünd' entlasten,
In Brüderschaften zusammentreten,
Ablaß lesen, den Rosenkranz beten,
Das »Pacem« küssen, Reliquien schauen,
Messen stiften und Kirchen bauen
Und sorgen für reiche Altarzier –
Und all das fein nach welcher Manier! –
Wie für Monstranz und Meßgewand,
Goldkelche und Bilder allerhand
Und zinsen dem Kloster, so viel sie können,
Weil der Papst das Gottesdienst tut nennen
Und spricht: »Man dient dem Herrn damit
Und wird so aller Sünden quitt.«
Fänd's nur auch in der Schrift Begründung
Und wär's nicht menschliche Erfindung
Und wider Gottes Wort, wie man
Matthäi fünfzehn lesen kann:
»Sie dienen mir vergebens, weil
In Menschensatzung nur ihr Heil
Sie sehn. Und alle Pflanzen werden

Ganz ausgereutet aus der Erden,
Die Gott nicht selber pflanzte.« – Ei
Wo bleibt die ganze Klerisei
Denn da mit ihren Lügenwerken? –

Nun lasst uns auf die Fallen merken,
Die Dekretalen und Gesetze;
Das sind dem Papst die Strick und Netze,
Die er um unsre Seelen schlingt;
Sein Bannstrahl insbesondere zwingt
Zu Beichte uns und Sakrament,
Doch Christi Blut wird uns mißgönnt
Und auferlegt uns Ärmsten gar,
Zu fasten vierzig Tag' im Jahr
Und daß das Volk so manche Tage
Der Fleisch- und Eierspeis' entsage
Und schier in Müßiggang vergeh'.
Verpönt er oft nicht selbst die Eh'?
Bald sind wir allzunah verwandt,
Bald paßt der Tag nicht, bald der Stand;
Kein Pfaff darf sich, kein Mönch beweiben,
Doch Unzucht darf er ruhig treiben,
Darf frommer Leute Kinder berücken
Und fremde Weiber ans Herze drücken.
So hat, deren keines Gott gefällt,
Gebot zu Gebot der Papst gesellt
Und jagt in die Hölle das Volk fürwahr
Dem Teufel zu mit Haut und Haar,
Ganz wie es Paulus tät verkünden –
Im Brief an Timotheus ist's zu finden: –
»Der Geist« – heißt's da – »besagt, es werden
Zuletzt sich etliche auf Erden
Betört vom rechten Glauben trennen

Und sich zu Satans Lehr bekennen,
Daß manchen man die Eh' verbiete
Und manche Speis', die Gottes Güte
Zur Nahrung uns geschenkt.« – Es kann
Das selbst sich deuten jedermann.

Nun aber zu der Klerisei,
Den Wölfen, die der Tyrannei
Des Papstes ebneten die Bahn,
Bischof und Abt, Propst und Kaplan,
All die Prälaten und Seelenhirten,
Die uns mit Menschensatzung kirrten
Und Gottes Wort uns unterdrücken
Mit derlei selbsterfundnen Stücken,
Und wenn man es beschaut bei Licht,
Wär's nicht ums Geld, sie täten's nicht.
Geld muß man geben schon fürs Taufen,
Mit Geld die Firmung dann erkaufen,
Darf bei der Beichte und den Messen
Beileibe nicht das Geld vergessen;
Willst gehen du zum Abendmahl,
Willst Hochzeit halten, zahl' nur, zahl'!
Am Grab selbst nur für Geld sie singen
Und wissen, wer sich sträubt, zu zwingen,
Und müßt' er Rock und Wams verkaufen.
So rupfen sie den armen Haufen.
Und was sie sich ersimonei'n,
Mehrt noch ihr Wucher jahraus, jahrein;
Für zwanzig Gulden ein Malter Getreid',
Das ist eine Schafschur, ist eine Freud'!
Und wie sie das Maulband allerwegen
Mit ihrem Zehent dem Volk anlegen
Und treiben mit dem Herrgott Possen

Und, wer nicht zahlt, aus der Kirche stoßen,
Und wie die Bauern fronen müssen,
Derweil sie selbst von Not nichts wissen
Und – o die Schinder! – im Wirtshaus froh
Sitzen *in Dulci jubilo*.
Da gibt's kein Fest und keine Messen,
Wo sie nicht Geld von euch erpressen,
Da werden an den Feiertagen
Heiligenbildchen herumgetragen,
Da bieten sie ums Seelenheil
Sogar zum Kirchweih Ablaß feil,
Und selbst in Gottes heiligem Haus
Preßt man die Milch den Schafen aus,
Als wär die Kirch' ein Melkeplatz;
So mehrt der Klerus seinen Schatz.

Nun aber kommen die Ordensleut'
Vom heiligen Antonius und Veit,
Die euch gar Wunderliches sagen,
Was nie und nirgends sich zugetragen,
Bestreichen die, so krank sich wähnen,
Mit vergoldeten Eselszähnen
Und manch geheimnisvollem Saft,
Schreiben euch in ihre Brüderschaft
Und – holen den Zins sich Jahr für Jahr.
Darnach kommt eine edle Schar –
Nennt sich auf deutsch die Romanisten –
Mit Ablaßbriefen und großen Kisten,
Mit Fahn' und Kreuz, gar feine Gesellen,
Schreien, daß einem die Ohren gellen:
»Legt ein, ihr Lieben! Denn solche Steuer
Erlöst die Seelen vom Fegefeuer!
Sobald der Gulden im Kasten klingt

Die Seele sich gen Himmel schwingt.
Und habt ihr unrecht Gut, das schwer
Euch auf der Seele liegt, gebt's her!
Gebt's uns! Legt eure Gulden ein,
Das löst von jeder Seelenpein!« –
So geht es weiter, meiner Treu',
Das heißt man römische Schinderei.

Und erst die Bischöfe! Halten gar
Euch eignen Hofstaat, eine Schar
Von Schreibern, Pedellen, was weiß ich,
Wie all das noch benennet sich
Und wie das Recht auf schnöde Weis'
Ins Unrecht wird verkehrt mit Fleiß,
Wie man gar oft geschloss'ne Ehen
Um Geld nur läßt zu Recht bestehen
Und andre wieder schließt durch Zwang!
Ach, und dann weiter der Empfang
Im Beichtstuhl, warst du so vermessen,
Zur Zeit der Fasten Fleisch zu essen!
Wie die Gestrengen da verstehn,
Drob mit dir ins Gericht zu gehn,
Als wärst du ein verlorner Mann!
Und wie sie's halten mit dem Bann,
Ihn schwerer machen und erneuern
Und ach wie hart das Volk besteuern!
Wie sie mit ihrer Jagd den Armen
Das Korn zertreten zum Erbarmen,
Uns herzlos rauben Hemd und Rock
Und legen uns in Stock und Block!
Wie sie, zu mehren das eigne Gut,
Im Krieg auch opfern unser Blut
Und elend machen Witw' und Waisen,

Häuser verbrennen und niederreißen,
Alles verderben, brandschatzen und pressen:
Wenn das nicht heißt die Schafe fressen!
Hat Christus doch Matthäi sieben
Von solchen Wölfen bereits geschrieben:
»Seht euch vor vor den falschen Propheten,
Die in Schafskleidern zu euch treten
Und doch zuletzt durch ihre Taten
Als reißende Wölfe sich verraten!«
Und Marci zwölf dann nennt er klar
Die Schriftgelehrten, die im Talar
»Gern zeigen sich und sehen lassen
Vor aller Welt auf Markt und Gassen
Und sitzen, wie man merken kann,
Wo's angeht, immer obenan,
In den Schulen, wie beim Schmaus,
Und den Witwen aufzehren Hof und Haus,
Plappernd dafür Gebete her.
Drum werden die Heuchler um so mehr
Erleiden der Verdammnis Pein.«
Wie unsre Geistlichen so fein
Doch Christus zeichnet hier, als sehn
Wir leibhaftig vor uns stehn.

Die Schlangen aber sind Mönch' und Nonnen,
Die auch gar gram dem Licht der Sonnen
Und die, ein fauler, träger Haufen,
Ihre guten Werke uns verkaufen
Um Geld und Eier, Käs' und Schmalz,
Um Korn, Geflügel, Wein und Salz,
Wovon sie selber sorgenfrei
Leben und Schätze sammeln dabei;
Die groß im Lügen und Erfinden,

Im Beten und Brüderschaftengründen
Und Hokuspokus mit Träumen treiben;
Der Papst tut all das unterschreiben,
Gibt Ablaß dazu für Geld, und sie
Schreien es aus dann spät und früh
Und haben listig auf diese Weis'
So weit uns hinaus geführt aufs Eis,
Daß wir vom Worte Gottes ließen
Und taten, wie uns jene hießen,
Viel' Werke, die Gott nicht begehrt;
Doch haben sie uns nie erklärt
Den Glauben, der uns selig macht,
Und das bedeutet die finstre Nacht,
Drin wir so lang' sind irrgegangen.

[2.3. Die Lehre Luthers]

So hielten Löwe, Wölf' und Schlangen
Wohl an die vierthalbhundert Jahr'
In ihrer Hut uns ganz und gar,
In der wir wären stets geblieben,
Hätt' Doktor Luther nicht geschrieben
Wider den geistlichen Amtsmißbrauch
Und uns die heilige Bibel auch
In gutes Deutsch gewußt zu fassen
Und für das Volk sie drucken lassen,
Daß jeder Gottes Wort fortan
Auch ohne Pfaffen lesen kann.
Und das ihr wißt, was er tut lehren,
Will ich's in Kürze euch erklären.

Die Propheten, die uns des Herrn Gebot

Verkünden, sind Luthern das Morgenrot;
Drin zeigt uns Luther, daß wir all'
Miterben sind von Adams Fall
Und keiner, weil wir alle voll
Begierden, ganz lebt, wie er soll,
Und gilt uns auch der äuß're Schein,
Das Herz dabei ist selten rein,
Ist allem Bösen zugeneigt,
Wie Moses schon uns klar gezeigt.
Weil nun das Herz von böser Gier
Und Gott aufs Herz nur sieht, sind wir
Des Zornes Kinder insgesamt,
Verflucht, verloren und verdammt.

Die aber, die das selbst empfinden,
Erfaßt zugleich ob ihrer Sünden
Zerknirschung, und sie sehen ein,
Wie unvermögend sie sind, wie klein,
Und fühlen ganz der Reue Schmerz,
Bis eindringt in das offne Herz
Der Himmelsbotschaft Gnadenlicht.
Da schauen sie vor Angesicht
Den eingebornen Gottessohn,
Der uns zulieb litt Haß und Hohn,
Dem Fluch die Kraft nahm und die Schuld
Der Welt bezahlte in seiner Huld,
Den Tod, den ew'gen, überwand,
Die Hölle zerstörte, den Teufel band,
Beim Vater uns ein Mittler ward
Und – wie Johannes offenbart –
All unsre Sünden, Gottes Lamm,
Gebüßt für uns am Kreuzesstamm.
Auch ist der Heiland nicht zu Frommen

Und Gerechten, merkt auf!, gekommen,
Nein zu den Sündern, denn Christus spricht,
Der Gesunde bedürfe des Arztes nicht.
Und im Dritten Johannis steht geschrieben:
»Also tat Gott die Menschen lieben,
Daß er den Sohn zu uns gesandt,
Auf daß, wer sich zu ihm bekannt
Und an ihn glaubt, am ew'gen Heil
Durch Christi Fürsprach nehme teil.«
Und weiter gibt mit eignem Mund
Johannis drei der Heiland kund:
»Wer mich vernimmt und glaubt an mich,
Der Mensch wird leben ewiglich.«

So nun der Mensch solch Trosteswort
Vernimmt von Christus, unserm Hort,
Und daran glaubt und darauf baut
Und der Verheißung von Herzen traut,
Daran, was Christ ihm zugesagt,
Nicht zweifelt und frisch es darauf wagt,
Auf Jesu Wort, – ein solcher heißt
Neugeboren aus Feuer und Geist,
Und frei von Sünde und Schild und Pein,
Lebt er in Gottes Wort allein,
Von dem ihn Höll' und Tod nicht können
Noch alle Teufelskünste trennen,
Wer also sich im Geist erneut,
Dient Gott, wie Christus es gebeut,
Indem er ihn von Herzen liebt,
Und ganz und gar sich ihm ergibt,
Im Herrn nur sieht den Gott der Gnade,
Wie dornenvoll auch unsre Pfade,
Und, ob Gott gibt, ob nimmt, nur denkt

Daß Gott doch alles zum Guten lenkt.
Und solcher ist willig und hoffet still,
Daß Gott nur unser Bestes will,
Aus Lieb' zum Sohne, zu Jesu Christ,
Der Fried' und Freud' und Trost uns ist
Und seine Herde nie verläßt.
Und wer in diesem Glauben fest,
Ist hier schon selig, und recht und gut
Und gottgefällig, was er tut,
Und Arbeit, Trank und Schlaf gedeihn.

Auch heißt uns solcher Glaube weihn
Dem schönen Dienst der Nächstenliebe,
Die keinem tut, was ihn betrübe,
Vielmehr sich über jederzeit
In Werken der Barmherzigkeit
Und freudig, frei von Eigennutz
Jedwedem Hilfe leiht und Schutz
Und die da all das muß erfüllen
Um ihrer selbst, der Liebe, willen,
Daß andern gern ihr allewege
Tut, wie euch selbst geschehen möge,
Durchdrungen ganz vom heil'gen Geist,
Und wie's Matthäi sieben heißt,
So wird nach Christi Lehr durch euch
Erfüllet das Gesetz zugleich.
Das sind die wahrhaft guten Werke!
Indes, wie jeder Christ sich merke,
Es läßt sich auch durch diese nie
Die Seligkeit erkaufen, – die
Tut schon der Glaube euch bescheren;
Das sind in Kürze nun die Lehren,
die Luther an den Tag gebracht.

[2.4. Die römische Reaktion]

Drum ist der Leo, der Papst, erwacht
Und riecht auch alsobald den Braten,
Bangt für den Jahrzins, die Annaten,
Und daß er statt der besten Pfründe,
Des Papstmonds, leere Beutel finde,
Daß keiner fürder Ablaß kaufe
Noch gar nach Rom zur Wallfahrt laufe,
Daß das Geld versieche, das liebe Geld,
Und er nicht mehr bleibe der Herr der Welt;
Denn niemand halte mehr sein Gebot.
Sein Regiment sei aus und tot,
So man die rechte Wahrheit wüßt';
Drum hätt' er gern mit feiner List
Die Wahrheit tückisch unterdrückt
Und hieß dem Kurfürsten Friedrich: »Schickt
Den Mönch nach Rom mir, und was er geschrieben,
In Feuersgluten laßt's zerstieben!«
Doch seiner Kurfürstlichen Gnaden galt
Die Wahrheit mehr denn Papstgewalt,
Er prüfte sorgsam Gottes Wort
Und blieb dem Luther Schirm und Hort,
Da dieser Kniff nicht wollte frommen,
Ließ Leo den Mönch nach Augsburg kommen,
Und Cajetan hieß Luthern schweigen,
Konnt' aber aus der Schrift nicht zeigen,
Daß Martin Luther in Irrtum war.
Und da auch dies mißlang, tat gar
Der Papst den Luther in den Bann
Nebst allen, die ihn hingen an,
Ohne Verhör und ohne Beweis!
Luther aber schrieb fort mit Fleiß;

Was konnt' ihm auch die Bulle schaden?
Da ließ der Kaiser nach Worms ihn laden
Zum Reichstag, wo es meiner Treu
Der Stürme gab gar mancherlei,
Kurzum, er sollte seine Lehr'
Widerrufen und stand doch keinen, der
Ihn bekämpf' und zum Ketzer mache,
Drum blieb er treu der guten Sache
Und nahm auch nicht ein Wort zurück,
Weil, was er lehret, Stück für Stück
Er aus der Schrift beweisen kann;
So schreckt ihn weder Acht noch Bann.

Das Wildschwein aber, welches keck
Ihm ansprang, ist der Doktor Eck,
Den Luther, als er gen Leipzig kam,
Wie eine Sau unters Messer nahm;
Der Trost für jeden Nonnenrock
Dagegen, Emser, ist der Bock,
Und Thomas Murner ist die Katz',
Die hütet im Turm des Papstes Schatz;
Der Schneck, das ist der Cochläus,
Als Esel aber mach' den Schluß
Herr Augustin von Aleveld:
Die und manch andrer Federheld
Haben viel wider Luther geschrieben,
Aber erlagen seinen Hieben,
Weil ihr Geschreibsel der Gründe bar
Und einstudierte Lüge war
Und widersprach der Schrift zumeist,
Auf die uns Luther stets verweist,
Das selbst ein Bauer merken möcht',
Wie gut des Luthers Lehr' und recht

Und Gott mit dem, was er begonnen.

Des sind die Schlangen, Mönch' und Nonnen
Nun Gall' und Gift und schrein ergrimmt,
Daß man's von weitem schon vernimmt:
»Luther lehrt's Evangelium?
Er zeig' doch Brief und Siegel drum,
Daß wahr auch seine Lehre sei!
Er predigt nichts als Ketzerei.
Laßt euch, ihr Lieben, nicht verwirren!
Die römische Kirche kann nicht irren.
Tut gute Werke, opfert dem Herrn
Und stiftet reichlich! Das sieht er gern;
Laßt Messen lesen, die kleine Steuer
Rettet die Seelen vom Fegefeuer;
Dient euren Heiligen spät und früh
Und versäumet die Vesper nie!
Die Zeit ist kurz, drum nehmet teil
Fleißig mit uns am Seelenheil,
Statt daß ihr pflegt daheim der Ruh'
Und uns laßt schreien immerzu!«
Die alte Leier! Und das heißen
Die Mönche: Gott die Ehr' erweisen!
Doch ob sie schwänzeln auch umher,
Speicher und Keller bleiben leer,
Das Spenden kommt just aus dem Brauch;
Was brauchen sie denn Schätze auch?
Haben ja Armut willig gelobt.
Hei, wie die fromme Schar da tobt,
Der Braten selbst geh' aus und Kuchen,
Und wie sie laut dem Luther fluchen
Als Schalk, Erzketzer und Bösewicht!
Doch sagt's ihm keiner ins Gesicht;

Sonst aber schreib sie wider ihn,
Zumal wenn nach des Tages Mühn
Die Herren bei ihren Nonnen sitzen,
So daß selbst diese sich erhitzen
Gegen das Evangelium,
Wissen meist selber nicht, warum?

So geht's den Fröschen auch im Pfuhl,
Den Lehrern mancher hohen Schul',
Die quaken auch den Gottesmann,
Den Luther, ohne Ursach' an,
Es schädige, was Luther lehr',
Die heidnische Wissenschaft gar sehr,
Nur schade, daß im Gegenteil
Sie selbst geschädigt uns am Heil
Mit ihrer alten Heidenkunst.

Auch steht der Luther schlecht in Gunst
Beim Volk der Gänse, das sind die Laien,
Die feindlich ihm ins Antlitz speien:
»Was will der Mönch uns Neues lehren,
Die ganze Christenheit verkehren,
Die guten Werke uns verhöhnen
Und uns des Heiligendiensts entwöhnen?!
Heißt uns zum Herrgott beten nur,
Und nicht zu seiner Kreatur;
Die Wallfahrt nennt er eine Plage,
Verbietet Fasten- und Feiertage,
Die doch ein alter, lieber Brauch,
Den Kirchen zu stiften verbeut er auch,
Ist gegen Orden und Ordenspfründe
Und schreibt, es gebe keine Sünde,
Als was verboten in der Bibel;

Der Ablaß aber sei ein Übel,
Des Papstes Ablaß, denkt!, dieweil
In Christo schon ruh unser Heil!
An den zu glauben, sei genug;
Das Mönchlein scheint uns nicht recht klug,
Vergißt, daß vor ihm Leute gewesen,
Die auch die Bibel schon gelesen;
Und unsre guten Väter waren
Doch gleichfalls nicht so unerfahren,
Das über tausend Jahre just
Sie von der Wahrheit nichts gewußt
Und wären wie wir selbst bis heute
Geblieben all des Irrtums Beute!
Drum wollen wir's wie jene treiben
Und treu dem alten Glauben bleiben.
Luther schreibt nichts als Abenteuer;
Zum Holzstoß mit dem Mönch, ins Feuer!
Der Ketzer soll uns nicht betören!« –

So kann man's noch gar vielfach hören,
Geschwätz von alten Fraun und Greisen,
Die Martin Luthern die Zähne weisen
Und blind vor Wut schmähn immerfort,
Drin unser Heil liegt, Gottes Wort.
Doch hilft dem Volk das alles nicht,
Die Wahrheit ist, gottlob, am Licht,
Die Christen aber kehren drum
Zurück zum Evangelium
Unseres Herrn Jesus Christ,
Der unser aller Erlöser ist
Und, so wir glauben, uns selig macht,
Trotz dem, was Menschenwitz erdacht;
Des Papsts Gebote sehn fortan

Sie drum als eitel Lüge an
Und hangen nur an Gottes Wort,
Das man jetzt hört schon hier und dort
Von guten Predigern ausgelegt,
Was freilich der Bischöfe Zorn erregt
Und noch so mancher andrer Fürsten,
Die auch nach Christenblute dürsten;
Die lassen solche Pred'ger fahn
Und legen ihnen Ketten an,
Tun sie zum Widerrufe zwingen
Und ihnen ein Lied vom Feuer singen,
Daß mancher möcht an Gott verzagen,
Das heiß ich: das Schaf in Dornbusch jagen;
Und viele, die für Christum stritten,
Verliert ihr so aus eurer Mitten:
Die einen fesseln Eisenbande,
Die andern jagt man aus dem Lande;
An manchen Orten läuft sogar,
Wer kauft, was Luther schrieb, Gefahr,
Und mancher wagt dabei den Kopf,
Zum mind'sten faßt man ihn beim Schopf
Und treibt ihn fort von Weib und Kind.
So haust das Antichrist Gesind'!
Auch das hat schon, Matthäi zehn,
Der Herr, wie folgt, vorhergesehn.
»Ich sende einer Herde gleich
Mitten unter die Wölfe euch,
Drum seid mir wie die Schlangen klug
Und wie die Tauben ohne Trug!
Sie werden dort – traut ihnen nicht! –
Euch überantworten dem Gericht,
Vorm Volke Übles von euch sagen
Und bei den Fürsten euch verklagen

Um meiner, um des Glauben willen.
Doch sorget nicht, noch bangt im stillen
Wie oder was ihr reden wollt!
Es wird euch, was ihr sprechen sollt,
Vom Geist des Vaters eingegeben,
Zwar klagt man euch auf Tod und Leben,
Der Bruder selbst den Bruder an,
Und hassen wird euch jedermann,
Doch hat dafür am ew'gen Heil
Auch, wer mir treu verblieben, teil;
Und treibt man irgendwo euch fort,
Zieht still an einen andern Ort;
Und töten sie euch selbst, im Wahn,
Ein solches Werk sei wohlgetan,
Getrost, getrost! Der Leib zerbricht,
Die Seel' ertöten sie euch nicht.«

[3. Abschluss / Aufforderung]

Ihr Christen, dieses Trostwort laßt,
Wie man uns auch verfolgt und haßt,
Mir kräftig in euch Wurzel treiben
Und treu bei Gottes Wort uns bleiben;
Verlieret lieber Leib und Gut!
Schreit über Kain Abels Blut
Doch Rache noch am jüngsten Tag.
Laßt morden, was nur morden mag,
Es geht, vertraut mir! doch zu End'
Des Antichristes Regiment,
Wie in der Offenbarung man
Kapitel achtzehn lesen kann;
Da lassen Engel den Ruf erschallen:

»Babylon, Babylon ist gefallen,
Teufel kehren frohlockend ein,
Weil von der Wollust glühendem Wein
Alle Heiden sich vollgetrunken;
Liegen in Wollust doch versunken
Könige selbst, dem Pöbel gleich,
Und das Kaufmannsvolk ward reich,
Indem's der bösen Lust zulieb
Mit Menschenseelen Handel trieb.
Drum, was dem Herrn geweiht sich hat,
Zieh aus, mein Volk, aus dieser Stadt,
Weil, reif zur Strafe, bis zum Thron
Des Vaters drang ihr Frevel schon;
Und zahl' ihr, was sie dir getan,
Zwiefach zurück, auf dass ihr Wahn,
Sie sei die Königin der Erde
Und unnahbar, zuschanden werde.
Von Blut schon triefend, hält sie kaum
Den eignen Hochmut noch im Zaum;
Drum kommt das Leid auch Schlag auf Schlag
Über die Stolze an einem Tag,
Und unter Hungersnot und Flammen
Bricht ihre Herrlichkeit zusammen;
Denn stark ist Gott der Herr, und schwer
straft er den Frevel.« – Nun merket, wer
Mit dieser Weissagung die Zeichen
Beim Daniel weiß zu vergleichen,
Daß, dessen Fall Johannes schon
Geweissagt, unter Babylon
Das Papsttum zu verstehen sei.
Drum, ihr Christen all', herbei!
Kehrt aus der Wüste, liebe Brüder,
Vom Papst zu eurem Heiland wieder,

Zum rechten Hirten der sein Leben
Aus Lieb' zu uns dahingegeben,
Der uns erlöst von Sündenpein,
Uns Hoffnung bleibt und Trost allein
Und euch, wie sehr wir auch voll Schuld,
Das Heil verheißt in seiner Huld,
So ihr nur glaubt an seinen Namen;
Wer das begehrt, der spreche: Amen!

Dreierlei Glauben

Friedrich von Logau (1605–1655)

Lutherisch, Päpstisch und Calvinisch, diese Glauben alle drei
sind vorhanden; doch ist Zweifel, wo das Christentum dann sei.

Der Papst, der will durch Tun, Calvin will durch Verstehen,
in Himmel aber will durch Glauben Luther gehn.

Auf Doktor Martin Luther

Daniel Georg Morhof (1639–1691)

Rom zwang die ganze Welt, der Papst hat Rom bezwungen,
ihr ist das Werk durch Macht, ihm durch Betrug gelungen.
Seht: Luther aber ist viel größer als sie beide,
der sie und ihn erschlug durch seiner Feder Schneide.
Geh, Griechenland, und rühm von deinem Herkul viel.
Sein eisern Keul' ist nichts vor Luthers Federkiel.

Die deutsche Bibel

Friedrich Gottlieb Klopstock (1724–1803)

Heiliger Luther, bitte für die Armen,
denen Geistes Beruf nicht scholl, und die doch
Nachdolmetschen, daß sie zur Selbsterkentniß
endlich genesen!

Weder die Sitte, noch der Sprache Weise
kennen sie, und es ist der Reinen Keuschheit
ihnen Märchen, was sich erhebt, was Kraft hat,
Edleres, Thorheit,

dunkel auf immer ihnen jener Gipfel,
den du muthig erstiegst und dort des Vater-
Landes Sprache bildetest zu der Engel
Sprach' und der Menschen.

Zeiten entflohn; allein die Umgeschaffne
blieb, und diese Gestalt wird nie sich wandeln.
Lächeln wird, wie wir, sie dereinst der Enkel,
ernst sie, wie wir, sehn.

Heiliger Luther, bitte für die Armen,
daß ihr stammelnd Gered' ihr Ohr vernehme,
und sie dastehn, Thränen der Reu' im Blick, die
Hand auf dem Munde!

[Luther]

Johann Gottfried Herder (1744 – 1803)

Mächtiger Eichbaum!
Deutschen Stamms! Gottes Kraft!
Droben im Wipfel braust der Sturm,
Du stehst mit hundertbogigen Armen
Dem Sturm entgegen und grünst! –
Der Sturm braust fort! Es liegen da
Der dürren, armen Aeste
Zehn darnieder gesaust. Du Eichbaum stehst,
Bist Luther! –

Reformation

Johann Gottfried Herder (1744 – 1803)

»Wären der Teufel so viel auch, als hier Stein' auf den Dächern,
dennoch wagen wir es.« Also sprach Luther und ging
vor den Kaiser. Gelangs? Ich zweifle. Der Teufel an Höfen
waren mehrere, fein wie der Apulische Sand.
Lehren bessertest Du, nicht Sitten, Sitten zu bessern
war der selber zu schwach, der auch die Teufel besiegt.

Dem 31. Oktober 1817

Johann Wolfgang von Goethe (1749 – 1832)

Dreihundert Jahre hat sich schon
der Protestant erwiesen,
daß ihn von Pabst- und Türkenthron
Befehle baß verdrießen.

Was auch der Pfaffe sinnt und schleicht,
der Prediger steht zur Wache,
und daß der Erbfeind nichts erreicht,
ist aller Deutschen Sache.

Auch ich soll gottgegebne Kraft
nicht ungenützt verlieren,
und will in Kunst und Wissenschaft
wie immer protestieren.

[Hört, ihr Herrn]

Johann Wolfgang von Goethe (1749 – 1832)

Hört, ihr Herrn, und laßt euch sagen,
der Geist ist nicht mehr in Fesseln geschlagen.
Gedenket an Luther, den Ehrenmann,
der solche Freiheit euch wiedergewann.
Bewahret das Licht, der Wahrheit Licht,
bewahret das Feuer, entweihet es nicht.

[Schwere Ketten drückten alle]

Friedrich Schiller (1759 – 1805)

Schwere Ketten drückten alle
Völker auf dem Erdenballe,
Als der Deutsche sie zerbrach,
Fehde bot dem Vatikane,
Krieg ankündigte dem Wahne,
Der die ganze Welt bestach.
Höhern Sieg hat der errungen,
Der der Wahrheit Blitz geschwungen
Der die Geister selbst befreit.
Freiheit der Vernunft erfechten
Heißt für alle Völker rechten,
Gilt für alle ewge Zeit.

Luthers Monolog, eh' er in die Reichsversammlung geht.
Dramatisches Fragment

Theodor Körner (1791–1813)

(Man hört die Glocken läuten.)
Die Glocke tönt, die Fürsten sind versammelt:
Nun, Streiter Gottes, gilt's, nun stehe fest!
Denn deine Lehre, die du ausgesandt
aus reiner Brust, daß sie die Welt erleuchte
und die Gemüter inniger verwebe,
sie hat der Völker Bündnis wild gespalten:
Die Fesseln brach sie einer halben Welt.
Und was der Geist, der große, mir vertraute,
zur Wohltat ihnen und zum ew'gen Heil,
das schürt der Zwietracht grausend Feuer an,
und feindlich will die Menge sich verderben,
und jeder hofft, den Himmel zu erwerben.
man fordert mich vor das Gericht der Fürsten,
verteid'gen soll ich meiner Lehre Sinn;
erwartend blickt die ganze Welt auf mich,
ob ich das schwere Werk noch kühn vollende,
und ob die Wahrheit meiner Rede siegt?

Doch nur getrost, die Engel lächeln mir,
die Seele schwingt sich aus des Lebens Schranken,
hoch hebt der Cherub dort das Siegspanier,
wenn alles fällt, mein Glaube soll nicht wanken;
mich hält der Geist, er reißt mächtig fort,
unwiderruflich steht das neue Wort!

(Man hört aufs neue Glockengeläute.)
Zum zweiten Male tönt der Glocken Ruf;
der Augenblick ist da, der es entscheidet,
ob Menschensatzung triumphieren soll,
ob Gotteslehre groß und herrlich siegt.
Vor stolze Fürsten soll ich kühnlich treten;
getreuer Gott, hör' einmal noch mein Flehn,
laß mich noch einmal mutig zu dir beten,
dann will ich fröhlich selbst zum Tode gehn!

(Er wirft sich auf die Knie und faltet die Hände.)
Allmächtiger, ich liege hier im Staube,
Allmächtiger, erhöre deinen Knecht!
Von nichts erschüttert steht des Herzens Glaube;
droh' auch Gewalt, ich fühl' ihn wahr und echt!
Doch wer vermag's, das Schicksal zu ergründen,
als du, Allweiser, der das All erschuf?
O, großer Vater! Hilf mir überwinden,
und steh mir bei und höre meinen Ruf!
Zu deinem Kämpen hast du mich erkoren,
dein Wort zu lehren in der ganzen Welt.
Herr Zebaoth, straf' mich in deinem Zoren,
wenn mir der Mut in diesem Streit entfällt!
Und kann ich nicht der Wahrheit Sieg erwerben,
und widersteh'n die Höllenmächte mir:
Laß mich, Allvater, freudig für dich sterben,
denn Leben, Welt und Tod gehöret dir!
Dein ist das Reich und alle Herrlichkeit
und Lob und Preis in Ewigkeit!

(Er steht auf. – Pause.)

Ich bin gestärkt, und was mir Gott bestimmt,
Sieg oder Tod, auf beides gleich gefaßt.
Doch hör' ich eine Stimm' in meinem Herzen:
»Glück auf, du Streiter Gottes, denn du siegst!«
Dem Schicksal geh' ich froh und kühn entgegen,
und was geschieht, erschrecken kann's mich nicht;
mich schützet Gott auf allen meinen Wegen,
und ihm vertrauend tret' ich vors Gericht.
Ich bin gesandt, daß ich die Welt verkläre,
das Dunkel helle mit des Glaubens Licht;
unwiderruflich ist die neue Lehre,
denn Wahrheit wandelt ihre Bildung nicht.
Streit' ich für mich? – Ich streit' in Gottes Namen,
und meine Feinde werden einst zu Spott. –
Zum Kampfe hin, zum Kampfe, Amen, Amen!
Denn eine feste Burg ist unser Gott.
Ich gehe mutig fort auf meiner Bahne,
die Wahrheit siegt, der Engel schwingt die Fahne! –

Licht und Schatten

August Heinrich Hoffmann von Fallersleben (1798 – 1874)

Freilich, Luthers Zeiten hatten
Schatten mehr, viel mehr als Licht.
Und man ließ der Welt den Schatten,
doch das Licht verbot man nicht.

Zwar ist heut noch frei der Schatten,
aber nicht des Lichtes Schein;
Licht will man uns wohl verstatten,
doch zum Schattenspiel allein.

Jene finsteren Zeiten kannten
keine - - sche Zensur:
und ihr hellen Protestanten
rühmt euch geistiger Kultur?

Laßt doch jedem seinen Schatten,
und sein Licht verwehrt ihm nicht;
laßt doch uns auch, was wir hatten,
unsern Schatten, unser Licht!

Laßt auch uns in unseren Tagen
ihn den Fürsten finsterer Nacht
mit dem Tintenfaß verjagen,
wie es Luther hat gemacht!

Kirchenhistorisches

August Heinrich Hoffmann von Fallersleben (1798 – 1874)

Dank, Luther, Dank! du lehrtest jeden
mit Gott in deutscher Sprache reden,
hast uns zu Gottes Preis und Ruhm
gebracht ein deutsches Christenthum.

Doch hat uns unter deinem Schilde
gebracht die Philologengilde
zu ihrem eignen Preis und Ruhm
ein protestantisch Heidenthum.

Glosse

David Friedrich Strauß (1808 – 1874)

»Wer nicht liebt Wein, Weib und Gesang
der bleibt ein Narr sein Leben lang.«
    Gut.
    Doch wer es tut?
Wer Weiber liebt, der wird zum Narren;
die Sänger haben ihren Sparren;
und gar der Wein, wie allbekannt,
bringt seine Leute vom Verstand.
    Drum, du guter
    Doktor Luther,
es treib' es einer wie er woll',
wir bleiben samt und sonders toll.

Reformation

Emanuel Geibel (1815–1884)

Woll' uns deinen Tröster senden,
Herr, in dieser schweren Zeit,
da die Welt an allen Enden
durstig nach Erlösung schreit!
Denn es geht ein heilig Sehnen
durch der Völker bangen Sinn,
und sie seufzen unter Tränen:
Hüter, ist die Nacht bald hin?

Ach, sie fühlen's: Alles Wissen,
ob's den Stoff der Welt umfaßt,
bringt, vom Ew'gen losgerissen,
kein Genügen, keine Rast.
Doch die Suchenden, Beschwerten
treibt levitisch Schwertgezück,
treibt der Spruch der Schriftgelehrten
hart und eng in sich zurück.

Was einst Trost und Heil den Massen,
ward zur Satzung dumpf und schwer;
dieser Kirche Formen fassen
dein Geheimnis, Herr, nicht mehr.
Tausenden, die fromm dich rufen,
weigert sie den Gnadenschoß,
wandle denn, was Menschen schufen,
denn nur du bist wandellos.

Aus dem dunkeln Schriftbuchstaben,
aus der Lehre starrer Haft,
drin der heil'ge Geist begraben,
Laß ihn auferstehn in Kraft!
Laß ihn übers Rund der Erde
wieder fluten froh und frei,
daß das Glauben Leben werde,
und die Tat Bekenntnis sei!

Flammend zeug' er, was vereinigt
einst der Boten Mund getönt,
wie's vom Zeitlichen gereinigt,
sich dem Menschengeist versöhnt!
Zeug' es, bis vor solcher Kunde
jede Zweifelstimme schweigt
und empor vom alten Grunde
frei die neue Kirche steigt.

Reformation

Gottfried Keller (1819 – 1890)

Im Bauch der Pyramide tief begraben,
in einer Mumie schwarzer Totenhand
war's, daß man alte Weizenkörner fand,
die dort Jahrtausende geschlummert haben.

Und prüfend nahm man diese seltnen Gaben
und warf sie in lebendig Ackerland,
und siehe da! Die gold'ne Saat erstand,
des Volkes Herz und Auge zu erlaben!

So blüht die Frucht dem späten Nachweltskinde,
die mit den Ahnen schlief in Grabes Schoß;
das Sterben ist ein endlos Aufersteh'n.

Wer hindert nun, daß wieder man entwinde
der Kirche Mumienhand, was sie verschloß,
das Korn des Wortes, neu es auszusä'n?

[Tritt ein für deines Herzens Meinung]
Aus den Sprüchen Nr. 7

Theodor Fontane (1819 – 1898)

Tritt ein für deines Herzens Meinung
und fürchte nicht der Feinde Spott,
bekämpfe mutig die Verneinung,
so du den Glauben hast an Gott.

Wie Luther einst, in festem Sinnen,
sprich auch du zu Gottes Ehr':
»Ich geh' nach Worms, und ob da drinnen
jedweder Stein ein Teufel wär'!«

Und peitscht dich dann der Witz mit Ruten
und haßt man dich, – o laß, o laß!
Mehr noch als Liebe aller Guten
gilt aller Bösen Hohn und Haß.

Die deutsche Bibel

Conrad Ferdinand Meyer (1825 – 1898)

Ein frommer Tag, da ich, gestreckt ins Gras,
Die »Schrift, verdeutscht durch Martin Luther« las.

Gern hör ich deiner Sprache, Luther, zu;
wer braucht das Wort gewaltiger als du?

Auf einer grün umwachsnen Burg versteckt,
hast du die Bibel und das Deutsch entdeckt.

Ich las, und alte Mär aus Morgenland,
in Fleisch und Blut verwandelt, vor mir stand.

Den Heiland hör ich, der mich traulich lehrt,
aus einem Fischerboot mir zugekehrt.

Und plaudert' hier am Brunn im Schattenraum
mit einem Weiblein er, mich wunderts kaum.

Vielleicht dortüben wandelt am Gestad
durchs hohe Korn er auf verdecktem Pfad ...

Der Rittersmann, der Knecht im Bauerkleid
vernimmt von ihm den Weg zur Seligkeit –

Auch seine Henker tragen deutsche Tracht,
zu Köln wird er im Dornenkranz verlacht,

und spottend geht an seinem Kreuz vorbei
ein Chorherr aus der Mainzer Klerisei ...

Leer steht das Holz. Ein Zettel flattert dran
mit gotscher Schrift. Es hebt die Predigt an.

Die Feuerzungen wehn. Fest Pfingsten flammt.
Martinus tritt in das Apostelamt.

Der Sturm erbraust und jede Sprache tönt –
wie tief das Erz der deutschen Zunge dröhnt!

Luther

Conrad Ferdinand Meyer (1825 – 1898)

Je schwerer sich ein Erdensohn befreit,
je mächtger rührt er unsre Menschlichkeit.

Der selber ich der Zelle früh entsprang,
mir graut, wie lang der Luther drinnen rang!

Er trug in seiner Brust den Kampf verhüllt,
der jetzt der Erde halben Kreis erfüllt.

Er brach in Todesnot den Klosterbann –
das Größte tut nur, wer nicht anders kann!

Er fühlt der Zeiten ungeheuern Bruch
und fest umklammert er sein Bibelbuch.

In seiner Seele kämpft, was wird und war,
ein keuchend hartverschlungen Ringerpaar.

Sein Geist ist zweier Zeiten Schlachtgebiet –
mich wunderts nicht, daß er Dämonen sieht!

Lutherlied

Conrad Ferdinand Meyer (1825–1898)

Ein Knabe wandert über Land
in einem schlichten Volksgewand,
Gewölke quillt am Himmel auf,
er blickt empor, er eilt den Lauf,
stracks fährt ein Blitz mit jähem Licht
und raucht an seiner Ferse dicht –
so ward getauft an jenem Tag
des Bergmanns Sohn vom Wetterschlag.

Schmal ist der Klosterzelle Raum,
drin lebt ein Jüngling dumpfen Traum,
er fleissigt sich der Möncherei,
dass er durch Werke selig sei.
Ein Vöglein blickt zu ihm ins Grab,
»Luthere«, singts, »wirf ab, wirf ab!
Ich flattre durch die lichte Welt,
derweil mich Gottes Gnade hält!«

In Augsburg wars, dass der Legat
ein Mönchlein auf die Stube bat,
er war ein grundgelehrtes Haus,
doch kannt er nicht die Geister aus.
Des Mönchleins Augen brannten tief,
dass er: »Es ist der Dämon!« rief –
du bebst vor diesem scharfen Strahl?
So blickt die Wahrheit, Kardinal!

Jetzt tritt am Wittenberger Tor
ein Mönch aus allem Volk hervor:
Die Flamme steigt auf seinen Wink,
die Bulle schmeisst hinein er flink,
wie Paulus schlenkert' in den Brand
den Wurm, der ihm den Arm umwand,
und über Deutschland einen Schein
wie Nordlicht wirft das Feuerlein.

In Worms sprach Martin Luther frank
zum Kaiser und zur Fürstenbank:
»Such, Menschenherz, wo du dich labst!
Das lehrt dich nicht Konzil noch Papst!
Die Quelle strömt an tiefrem Ort:
Der lautre Born, das reine Wort
stillt unsrer Seelen Heilsbegier –
Hier steh ich und Gott helfe mir!«

Herr Kaiser Karl, du warst zu fein,
den Luther fandest du gemein –
gemein wie Lieb und Zorn und Pflicht,
wie unsrer Kinder Angesicht,
wie Hof und Heim, wie Salz und Brot,
wie die Geburt und wie der Tod –
er atmet tief in unsrer Brust,
und du begrubst dich in Sankt Just.

»Ein feste Burg« – im Lande steht,
drin wacht der Luther früh und spät,
bis redlich er und Spruch um Spruch
verdeutscht das liebe Bibelbuch.
Herr Doktor, sprecht! Wo nahmt Ihr her
das deutsche Wort so voll und schwer?

»Das schöpft ich von des Volkes Mund,
das schlürft ich aus dem Herzensgrund.«

Herr Luther, gut ist Eure Lehr,
ein frischer Quell, ein starker Speer,
der Glaube, der den Zweifel bricht,
der ewgen Dinge Zuversicht,
des Heuchelwerkes Nichtigkeit,
ein blankes Schwert im offnen Streit! –
Ihr bleibt getreu trotz Not und Bann
und jeder Zoll ein deutscher Mann.

In Freudenpulsen hüpft das Herz,
in Jubelschlägen dröhnt das Erz,
kein Tal zu fern, kein Dorf zu klein,
es fällt mit seinen Glocken ein –
»Ein feste Burg« –, singt jung und alt,
der Kaiser mit der Volksgewalt:
»Ein feste Burg ist unser Gott,
dran wird der Feind zu Schand und Spott!«

Lutherzelle auf der Wartburg

Gerhart Hauptmann (1862–1946)

Junker Jörg
Hier dieses Spieglein von Metall
zeigt Junker Jörgens Bart und Kleid,
und seiner Stimme Widerhall
zeigt Junker Jörgens Einsamkeit.
Das Burgtor schließt die schwarze Nacht,
die auch mein Fensterlein bewacht.
Allein da sind schon ihrer zwei,
der Junker Jörg und ich dabei.
Wie kamen wir auf diesen Berg:
der Bergmannssohn, der Junker Jörg?
Wie wurden wir hierher verschlagen?
Da müssen wir das Mönchlein fragen,
den dritten schon in unsrem Bund,
der jüngst vor Kaiser Karlen stund
mit bestem Wissen und Gewissen,
doch leider auch in Bann und Acht.
Er blättert, blättert Nacht für Nacht,
von Christi Not das Herz zerrissen,
im Buche, das wir alle kennen,
mit Recht das Buch der Bücher nennen.
Gut, Bruder Martin, gut, wir flohn:
Mönch, Ritter Jörg und Bergmannssohn.
Man hat uns weislich hier versteckt,
dieweil der welsche Antichrist
ein Feind der deutschen Freiheit ist.
Und Kaiser Karlens hoher Mut
dem Spanier sie verraten tut.

Oh, wie die Wahrheit bitter schmeckt!
Und einer hier, der andre dort
verraten Christum und Gottes Wort,
weshalb wir hier vereinigt sind,
Junker, Mönch und Bergmannskind
eine versteckte Dreieinigkeit,
dreieinig im bittren Herzeleid.
Dreieinig aber noch viel mehr
in diesen Lettern, diesen Blättern,
diesen göttlichen Seelenrettern.

[Ob lutherischer oder päpstlicher Christ]
Aus den Sprüchen Nr. 1

Börries von Münchhausen (1874 – 1945)

Ob lutherischer oder päpstlicher Christ,
ob Pietist oder Atheist,
ob Gesellschaftsmensch oder ›Bleibzuhaus‹,
ob Künstler oder Kunstbanause,
ob konservativ oder demokratisch,
selfmade oder aristokratisch,
ob weltlich oder klerikal, –
eigentlich ist mir alles egal,
wenn einer nur bei Kopf und Kragen
den Mut hat: »Das bin ich!« zu sagen.

Was meinte Luther mit dem Apfelbaum?

Gottfried Benn (1886 – 1956)

Was meinte Luther mit dem Apfelbaum?
Mir ist es gleich – auch Untergang ist Traum –
ich stehe hier in meinem Apfelgarten
und kann den Untergang getrost erwarten –
ich bin in Gott, der außerhalb der Welt
noch manchen Trumpf in seinem Skatblatt hält –
wenn morgen früh die Welt zu Bruche geht,
ich bleibe ewig sein und sternestet –

meinte er das, der alte Biedermann
u. blickt noch einmal seine Käte an?
und trinkt noch einmal einen Humpen Bier
u. schläft, bis es beginnt – frühmorgens vier?
Dann war er wirklich ein sehr grosser Mann,
den man auch heute noch bewundern kann.

Luther

Ludwig Bäte (1892 – 1977)

Da steht ein Mönch, blaß, mager, übernächtig.
Die Kanzel ächzt, die Hörer horchen bang.
Doch aus dem Wort, von Geist und Mut gleich trächtig,
wird Sturmgeläut, wird bronzener Gesang.

Und rollt von Weimar an des Rheins Gebreite,
nach Worms. Noch murrt der wilde Märzensturm.
Doch Adler klaftern um des Wagens schmal Geleite,
der Reichsherold am Sattel, Kaspar Sturm,

streicht seinen Bart: »Hin kommst du, Bruder Martin,
doch her – wie war das einst mit Johann Hus?«
Der Hagre lächelt: »Was ist her, was dahin?
Ist beides wohl dasselbe, aufgesprungne Nuß,

zu beißen mir gegeben. Weiß nichts von dem Wege,
bin fremd mir selber. Gott nur kennt das Ziel.«
Der Wagen mahlt sich durch das Ilmgehege.
Ein erster Lerchenlaut. Der Bauer reißt den Kiel

des blanken Pflugs aus nassen Schollenschlüften.
Ein Kind bringt Primeln für den fremden Mann.
Verschämte Sonne tropft aus aufgerißnen Lüften.
Herr Kaspar Sturm begütigt: »Nun, wohlan!«

Kriegschoral

Rudolf Otto Wiemer (1905 – 1998)

Ein feste Burg ist unser Gott,
ein gute Handgranaten.
Er macht das ganze Land zu Schrott,
Zivilisten und Soldaten.

Mit unsrer Macht ist nichts getan,
wir haben die Befehle.
Gottmituns auf dem Koppelschloss,
das Hurra in der Kehle.

Und wenn die Welt voll Teufel wär –
wir selber sind die größten.
Wer fällt, fällt auf dem Feld der Ehr,
die Witwen sind zu trösten.

Das Wort sie sollen lassen stahn,
ich meine das Wort: Frieden.
Wir haben unsern Schlieffenplan,
den Blücher und den Ziethen –

und das genügt hienieden.

Anhänglichkeit

Heinz Erhardt (1909 – 1979)

Das Kind hängt an der Mutter,
der Bauer an dem Land,
der Protestant an Luther,
das Ölbild an der Wand.
Der Weinberg hängt voll Reben,
der Hund an Herrchens Blick,
Der eine hängt am Leben,
der andere am Strick ...

Die Wormser Nacht

Richard Willy Biesold (1910 – 1996)

Als Doktor Martinus Luther auf seiner Stube war
zu Worms auf dem Reichstag, zwischen den beiden Verhören,
da trat an sein Lager der Teufel. Doch offenbar
vermied er es, den schlafenden Doktor zu stören.
Ganz leis entwand er die Geige dem Mantelsack
und kratzte zur Probe mit seinem roßhärenen Bogen.
Dann fiedelte er. Da kamen vor Tau und Tag
die Engel der Hölle aus dem Kamin geflogen,
setzten sich rechts und links und zu Häupten und Füßen
dem schlafenden Doktor und sangen die süßen
verlockenden Lieder:

»Kehr wieder,
Doktor Martine!
Im Schoß der Kirche ist Ruh.

Welt ward Kirche und Kirche ward Welt,
der Herre Kaiser zum Papste hält.
So hoch der Himmel, so weit die Erd,
so tief das Meer, reicht des Kaisers Schwert.
Doktor Martine – und du?

Kehr wieder,
Doktor Martine!
Im Schoß der Kirche ist Ruh.

Der heilige Papst ist des Kaisers Freund,
sein Glanz gleich der Sonne am Himmel scheint.

So hoch der Himmel, so weit die Erd,
so tief das Meer, reicht Sankt Peters Schwert.
Doktor Martine – und du?

Kehr wieder,
Doktor Martine!
Im Schoß der Kirche ist Ruh.

Wir gaben Sankt Petern der Welt Macht und Pracht,
wir haben Sankt Peter zum Brotherrn gemacht,
wir gaben ihm Gold und des Magiers Geschick,
wir gaben durch ihn den Völkern das Glück.
Doktor Martine – und du?

Kehr wieder,
Doktor Martine!
Im Schoß der Kirche ist Ruh.

Wir haben den Menschen den Frieden geschenkt,
wir haben die Bahnen der Menschen gelenkt,
wir gaben den Seelen das Ruhebett
zum Trotze dem Schwärmer von Nazareth.
Doktor Martine – und du?

Kehr wieder,
Doktor Martine!
Im Schoß der Kirche ist Ruh.

Die Erde ist weit, und die Erde ist breit,
die Erde ist schön wie die Ewigkeit.
Und willst du die Erde zu eigen han,
die herrliche Erde, so bete uns an.
Doktor Martine – und du?

Kehr wieder,
Doktor Martine!
Im Schoß der Kirche ist Ruh.«

Nun schwangen die Engel der Hölle zum Tanz das Bein.
Ihr fiedelnder Meister schloß in den Reigen sich ein.
Noch zu Häupten flatterte fuchsrot die Schleife,
die singenden Saiten strich er mit härenem Schweife.
Die hürnenen Füße hopsten rund um das Bett
des schlafenden Jüngers Jesu von Nazareth:

»Kehr wieder,
Doktor Martine!
Im Schoß der Kirche ist Ruh.«

Und Doktor Martinus schaut offenen Auges zu
und lacht sogar und richtet sich sacht gar auf:
»Den Takt schlag ich euch!«, ruft er, »mein Wort darauf!«
Und springt vom Lager und klettert auf Stuhl und Tisch
und hebt die Hände und hebt sie gebieterisch
und faltet sie – und fällt auf die Knie zum Gebet:
»Dein bin ich und bleib ich, Jesus von Nazareth!«

Und hebt die Hand und schlägt – es dämmert bereits –
den Takt seines Lebens: das dreimal heilige Kreuz,
bis daß die ganze höllische Geisterschar
im Handumdrehen durch die Esse verflogen war.

gerecht

Kurt Marti (geb. 1921)

nie hab ich
begriffen
was das bedeutet:

»gerecht vor gott«

paulus ist groß
und luther vielleicht
ich aber bleibe betreten:

gerecht vor gott?

wär es
nicht besser
wir würden

gerecht einander?

Nach 500 Jahren

Erich Fried (1921 – 1988)

Martin Luther sagt
Christen
sollen sich abgewöhnen
Kirche zu sagen
und lieber sagen Gemeinde

Wie lutherisch
christlich
sind demnach
evangelische
Landeskirchen?

Martin Luther

Inge Meidinger-Geise (1923 – 2007)

Dein Glaube –
dieser blitzerhellte Schrecken.
Dein Wort
dieser Weg durch alte Worte.
Alles blieb
wie zu deiner Zeit:
Für jeden
Furcht und Wagnis
im Augenblick ...

Warumb

Eva Zeller (geb. 1923)

Es war einmal
da schrieb man
Thränen mit th
Heyland mit ypselon
und Lutherns schweiß-
treibendes warumb
mit b am Ende

Gottes Will
hat kein warumb

hat die Laut-
verschiebung auch ein paar
Buchstaben verschoben
wischen wir uns doch
auch heute noch
verstohlen eine
Thräne aus den Augen
gehn in die Knie

und schlagen
uns herum
mit diesem
zähneknirschenden
warumb

Was ich Luther sagen wollte

Eva Zeller (geb. 1923)

Ein Wörtlein Martinus
konnte ihn nicht fällen
den altbösen Feind

dabei wäre es Gott
doch ein leichtes
gewesen meine vierein-
halbtausend Herzschläge
pro Stunde regelmäßig
schlagen zu lassen
und mir güldene Waffen
ums Bett zu stellen

er hat aber meinen
Puls hochgejagt
und meinen Fuß
gleiten lassen

ich habe kein
Tintenfaß mehr
es gegen die Wand
zu schleudern

muß mich vielmehr
allen Ernstes
mit dem Gedanken
befreunden daß
es keine

helfende Hand
gibt als die
durchbohrte

Luther und die Lutherin

Eva Zeller (geb. 1923)

Einer wie er.
Die Kutte war gefallen,
die Tonsur zugewachsen.
Nichts Papistisches mehr an ihm.

Außer dass er
in Gedanken versunken
noch oft die Hände in die
Rockärmel steckte und
sie rasch wieder herauszog.
Und außer dass er
der Bettelmönch blieb,
dem an Geld nichts gelegen war.

Die Kutte wog nun einmal
einen Malter und mehr.
Nur wer sie ausgezogen hatte,
wußte das.

Manchmal wurmte es Katharina,
dass Martin ein so ungeschickter
Haushalter blieb.
Dabei wäre es ihm
ein Leichtes gewesen,
ein wohlhabender Mann zu werden.

Die Buchdrucker boten ihm
ein Jahresgehalt von vierhundert Gulden an.
Was tat er?
Er lehnte empört ab:

Seine Bücher sollten
vom Volke gelesen werden
und darum billig zu erwerben sein.
Gott behüte, dass er das Wort
um Geld in die Welt trage;
und auch ein Prediger sei kein Aktionär,
der sich mit Dividenden das Herz beschwere.

Einer wie Martinus
gab die goldenen Pokale –
Hochzeitsgeschenke der sächsischen Fürsten –
als Unterpfand hin, wenn wieder mal
Not am Mann war und Schmalhans
Küchenmeister.

Kam aber einer, der noch weniger hatte,
und es kamen viele,
gab er mit vollen, mit leeren Händen,
das heißt, er setzte den Armen
seiner Käthe an den Tisch
und legte ihn ihr ans Herz.

Und einmal,
Katharina wird es nie vergessen,
da stieß Martin die Tische der Wechsler
um, da schmiss er das Geld,
das schnöde, verfluchte,
das die Welt regierte,
buchstäblich zum Fenster hinaus.
Da regnete es Gulden
oder wenigstens Pfennige.

Einer wie er lebte,
als könne Gott seine Verborgenheit
noch einmal verlassen,
unter uns wohnen und uns ähnlich werden,
so dass er Menschenantlitz trüge.

Lutherischer Augenblick

Detlev Block (geb. 1934)

Fröhlich
und guten Gewissens
schließe ich mein Büro.

Während ich
Mittagspause mache,
geht Gottes Sprechstunde weiter.

Tischrede

Kurt Hutterli (geb. 1944)

»Ich habe im Aufruhr
alle Bauern erschlagen;
all ihr Blut
ist auf meinem Hals. Aber
ich schiebe es
auf unseren Herrgott ...«,
sagte Martin Luther
1533 in einer Tischrede.
Wir ersehen daraus,
dass man eben
die richtigen Beziehungen
haben muss.

Martins Let It Be

Wilhelm Bartsch (geb. 1950)

Luthertassen kommen gerade
in die Lutherschrankdekade.
Lutherlinden, -buchen, -eichen
könnten jetzt viel Geld einstreichen.

Lutherstätten und -kongresse
sind nun, was dem Papst die Messe
oder was dem Lutherist
jäh ein Furz von Luther ist.

Luthertinte, Luthertorte,
Lutherstempel ohne Worte,
Lutherbeutel, Lutherschlipse,
Lutheröl und Luthergipse,

Lutherfahrt mit Lutherkutscher,
Lutherbrot zum Lutherlutscher
in den Lutherbauch, denn was
Vatikan, das kan ich auch!

Merk! Was du nun kaufen kannst,
dient dem Ablass und dem Wanst.
Ablass ist, wie Hund und Katz,
von »Lass ab!« der Gegensatz.

Denn lass ab von Luthersocken,
die, nach Worms zu gehn, verlocken,
um dort Lutherschnaps und -schinken
anzubeißen und zu trinken!

»Luther's Krug« kann gar nicht anders
als im Faden-Kreuz des Fahnders
hier zu stehn. Für was? Für Bier.
Dafür, Kinder, steht der hier!

Bis zum Lutherherzinfarkt
ist vermarktet auch mein Markt.
Hier versetzten Lutherzwerge
gleich dreihundert Maulwurfs-Berge.

Nota bene:

Würdet ihr euch sonst bequemen,
meine Lehre anzunehmen
»Froh sein, stark in Gott und frei«,
Bruder Martin wär' dabei.

Bruder Martin
(Drei Sätze von Martin Luther)

Christian Lehnert (geb. 1969)

I

»Meine Mutter stäubte mich
wegen einer einzigen Nuss bis aufs Blut.«

Etwas wie Instinkt drückte ihm die Kehle zusammen,
dass er nicht schrie.

»Der Teufel ist in mir.
Eine Nuss.
Ich habe sie aufgeschlagen und die weißen Hälften gesehen,
sie rasch in den Mund gesteckt und zerkaut.«

Am Waldrand steht das Gras hoch
und schlägt ihm nass gegen die Beine.
Halme, gewachsen in einer anderen Welt,
in diese Sonne getragen und ergrünt,
verwandelt grün.
Er hört das Wasser singen
in der Erde, wie es aufsteigt im Schatten, ins Grün,
und sieht sich um:

»Wenn die Sonne mittags scheint,
kann ich nicht sehen, was weiß oder grün ist. So hell,
so blendend
ist der Teufel.«

Gestäubt bis aufs Blut,

vom Jochbein aufwärts und über den Kopf
kriecht ein dumpfer Schmerz.
Er hat den zusammengepressten Mund der Mutter gesehen.
Dort in der Hügeln,
in den Ähren,
wogen die blassen Lippen.
Er verliert seinen Pfad zwischen wildem Pflaumengesträuch
am Wiesenrand.

»Mutter!« Schachtelhalm,
Schaumkraut. »Ich bin geschlagen worden.«
Farn und Mondviolen,
aus dem Sonnenlicht
bricht das,
bricht das.

Im Gras, unter einer Kapuze versteckt,
hockt der Teufel.
Er wendet dem Kind den Rücken zu,
Findling voll Moos
in braun blühenden Inseln, aber es ist Linnen.

»Wenn er in mir ist, schlage ich heimlich eine Nuss auf
und höre wie sie unter dem Stein knackt.
Nur dass die Schalen
nicht zu klein zersplittern, darauf muss ich acht geben,
auf den Ton,
wenn die Nuss aufspringt und das Fleisch
im Inneren noch unversehrt ist.«

Blutendes Kind
läuft auf den Kapuzenfelsen zu.
»Er weiß alles von mir, weil er oft in mir ist.«

Der Mund
wie ein Dreckschlund,
schwarz und gierig, die Zahnstummel, ei,
er grinst, hat er sich umgewendet,
Schlitze, ei lachende Blicke, gierig
lachende Augen.
Er winkt Martin heran.
Weil er die kleinen Kinder so mag,
wie sie kreischend vor ihm fliehen,
und er hört es so gern, wie es kreischt,
die hohen,
jungen Töne. Er winkt,
und das Kind hebt Steine auf: Weg!

Eine Wolke, wie eine Falkenfeder gezeichnet,
treibt über den Wald,
die Birken
neigen sich, reiben aneinander, der Alte kreischt
laut unter den Steinen
und freut sich an seinem Kreischen, so schrill
ist die Heimkehr der eignen Stimme ins Geräusch.

»Dahinten, wo die Wolken herkommen und es dunkel wird,
muss das Elternhaus sein,
wo die Hügel zusammenlaufen,
steht das Schloss und die Hütten Mansfelds,
da wird nach Metall gegraben, wird es ausgeschmolzen
und verladen.
Wenn Christus mich gerichtet hat,
wird dort niemand mehr auf mich warten.
Jeder Mauerstein wird zu mir sagen:
Ich kenne dich nicht.«

Für ewig,
dass er gestäubt wird,
von der Mutter gestäubt ohne Mutter,
weil der Teufel in ihm ist,
bleibt er allein
mit dem Blut auf der Zunge.

Die Nuss wird ewig süß schmecken und ihn verraten:
Wie ein Schacht, in den er hinabrutscht,
aber niemals aufschlagen
und sterben wird, immerfort sterben,
aber ohne Ausgang.
»Mutter, hole mich!
Mutter, Liebmater, hole mich weg von dir!«

Dahinten beginnt der Wald,
ewiger Wald.
Die Buchen sehen ihn mit weiten Pupillen an.
Der Schierling zeigt auf ihn.
Gehörnte Schädel, die Schatten
der Eichen liegen wie dunkle Augenringe
am Boden. Kreuz- und Quergehölz,
umkrallte Stöcke, wie Zähne. Eine Wucherung
nah an den Wurzeln,
die Baumhaut stülpt sich nach vorn: Da wartet wer.
Martin, unser Kind,
wo warst du so lange?

In Brusthöhe wird einer der Eichenstämme dicker
und schwillt zu einem Kinn an,
es neigt sich nach oben,
den Hals überstreckt, borkige Lippen öffnen sich
und schreien oder lachen, schwer zu sagen:

Es ist kein Sinn in dem Laut.
Nur Mundraum,
Eichenkehle
verschlingt einen unsichtbaren Brocken
Menschenwelt. Sie bietet
den offenen
Rachen dem Himmel dar:
K-I-N-D, ein Regenschauer dringt in den Schrei,
Röhren-
heiterkeit eines Lautes, der nichts bedeutet.

Dort die Eiche,
er setzt sich nieder.
Die Zweige hängen herab und berühren sein Gesicht.
Die ersten Sterne stechen in die Augen.
Wald, dunkler als je,
noch als die Mutterliebe,
als der kauende Teufel in ihm: Zucker, mein Zucken
im Lid. Die Mutter
schlägt im Wind
mit einem Ast,
mit einem Stein in der Faust,
mit einem Knochen, kühlem Säuseln.

Ihr Unterkiefer
wächst im Abendschein so lang,
dass sich die Zähne nicht mehr treffen.

Aber sie musste ihn doch schlagen,
bevor der Teufel aus seinem Kopf träte
wie Schlehenstacheln.
Martin war ihr lieber Sohn,
sein Gesicht blutete allmählich aus einem anderen Jungen heraus.

Warum hatte er nicht gewartet
unter den Schlägen,
bis er sich wieder in Martin verwandelt hätte,
ohne Teufel, ohne Angst und Nüsse?

Er legt den Kopf ins feuchte Moos,
einsilbiges Grün,
in das seine Haut lange hineinschweigt,
eine Weile Blätter,
die sich bewegen,
wie zu Hause am Stubenfenster,
wenn er leicht den Kopf hin und her drehte
und was draußen war
sich verschob, die Stämme knickten,
die Wolken sprangen, hin und her hüpften die Bäume,
rutschten die Dächer, wenn er den Kopf wippte,
bis ihm schwindelig wurde.
Mit dem Atem schwangen die Hügel:
Wenn auch Tausend zu deiner Rechten fallen
und Zehntausend zu deiner Linken,
es bleibt doch unser Haus stehen.

Seine Wange und das Moos verstehen sich.

Im Mondlicht wandern kleine Flämmchen über die Blätter,
sie tanzen und heben die Flügel,
stieben auf, wenn der Wind kommt.
Durch die Zweige ziehen unzählige Schwingen.
Dort
liegt ein Junge im Moos und sieht den Eichenmond,
es fehlt ihm nichts.

Hat geschlafen. Jahre geschlafen.

Jetzt geht der Mond unter, und in dem Land hinter den Wolken,
wo die Birken wurzeln und man Metall ausgräbt,
kennt ihn wohl keiner mehr.

Martin! Martin!

Wozu soll er antworten?

Es ist seltsamerweise wieder heller geworden.
Er sollte heimgehen.
Er sollte aufstehen und den ganzen Weg zurücklaufen,
die Haustür öffnen, als wäre nichts geschehen.

So viel Ruhe, die Mutter
gießt heißes Wasser zu.
Dampf steigt auf, und das Kind atmet ihn ein.
Er steht nackt neben dem Waschtrog
und sieht rote Hände,
wie sie das Wasser bewegen.
Er zittert. Ihm ist kalt, glücklich
kalt, wie die Zähne aufeinander schlagen,
das ist lustig,
wie es klappert und er nichts dagegen tun kann,
wie ein Ballspiel,
eine wohlwollende Kraft, die ihn forttreibt
in die Hände der Mutter.
Sie fasst ihn unter den Achseln
und hebt ihn vorsichtig in den Trog.
Zuerst nur die Füße: Ist es zu heiß?
Ja. Du musst dich an die Wärme gewöhnen,
dann wird es gut.
Er ist glücklich.
Der Dampf lässt ihn die Eiche vergessen,

wo er geschlafen und gefroren hat.
An den Füßen brennt es.
Er ist ganz der Mutter ergeben.
Sie taucht ihn länger ein.
Sie stellt ihn in die Wanne.
Sie nimmt den Krug und gießt heißes Wasser zu,
prüft mit ihrem Ellenbogen
und lässt es ihm langsam über den Rücken laufen.
Ganz vorsichtig.
Gütig.
Die Wärme entledigt sich endgültig der Zeit
und ruht auf ihm.

Sieh die Jahresringe,
die Maserung der Bretter über dem Bett!
Sie bewegen sich und formen Gesichter. Manche kennt er
aus Fiebertagen.
Mutter legt ihre Hand auf Martins Kopf,
streichelt ihn und zeichnet ein Kreuz auf die Stirn.
Zwei schwarze Pupillen ruhen auf ihm,
weit,
ohne einen Flecken Schnee oder Juniblüte,
ohne Mondlicht und ohne zu verstehen,
zwei offene Täuschungen
oder Angst.

II

*»Wie geschah mir? Ich erschrack ein mal fur dem sacrament,
das Doctor Staupiz zu Isleben in der procession trug corporis
Christi.«*

»Ich sah im Metall das Licht:
Anwesendes,
ich fühlte es atmen, den Körper unter blanken Strahlen
der Monstranz:
Gott,
wo du bist, ist nichts,
gleißende Helle, die sich entfernt,
indem sie näher kommt,
und plötzlich liegt
auf meiner Hand eine braune Kastanie,
voll Gott,
und die kahlen Zweige flirren, graue Zungenspitzen,
voll Gott,
das Pflaster, die Mauern,
voll Gott, und ich singe vor mich hin
ohne Stimme,
habe den Sinn verloren, ich kann nicht einmal mehr
stolpern,
halle und wiederhole mich, halle,
Gott,
voll Gott,
wo du bist, ist nichts.
Ich sollte gar nichts sagen,
›Martin
läuft in der Prozession‹,
voll Gott,
da bin ich nicht
Martin,

ist die Zukunft leer von mir,
ist die Mutter mein Schatten, und jetzt
wird er gesehen,
blinzelnde Monstranz, im langsamen Gehen
Gottes,
wie eine Fledermaus im Steilflug,
wird geschaffen und schreit,
unhörbar und stürzt sich in die blendende Nacht,
nach Gehör in die Tiefe,
Martin,
hallende Monstranz,
voll Gott und Echos und Gott,
da war es nah,
wie Gehör, wie Gesicht, war es nah,
wie die Sekunde Stille vor einem Blitzschlag, Erbleichen
und Erröten,
mein Gott,
mein Fleisch.«

III

»Die ganze Welt ist voller Sprache ... Schafe, Kühe, Bäume,
wenn sie blühen sprechen: Hepheta! Tu dich auf!«

»Nicht einmal betteln kann ich.
Die Schale,
hölzernes Tagwerk, in den Händen ist leer.

Verkrümmte Finger,
Gichtgelenke-
klumpen sind geblieben, und behaupten:

Die Steine im Leib
drücken immer mehr. Man hört von mir:

Da ist ein kalt toter Schweiß, auf der Stirn,

ein Tag sagt's dem anderen,
und es klingt den Engeln wie ein Sonnenaufgang.

Singen: Gicht – Steine – Schweiß.
Engel sind ein merkwürdiges Gefieder.

Wer bewegte nur den Türbalken dazu,
jenen hellen,
flirrenden Laut zu bilden?

Ja, das hat er gut gesagt, der Justus Jonas:
Gicht – Steine – Schweiß.
Ich achte, ich werde hier zu Eisleben bleiben,
wo er ein Fenster geöffnet hat.

Was für ein Licht, die eisige Sonne und tief darin
der Nieselregen!

Licht, das die Birkenstämme glühen lässt
und wie ein süßer Nachgeschmack die Zunge überwältigt,
zinkweißes Licht!

Ich trage den Schlaf wie einen Talar über den Innereien.
Ich klebe wie Ruß im Wachs.

Das war in Wittenberg am achten September 1538:

Sie brachten ihm einen tauben/ der stumm war/
und sie baten ihn/
dass er die Hand auf ihn legte.

Ich redete doch,
gab Laut, wie ein Böcklein, das einzeln grast,
hatte den Husten,
ich hatte mir in der Kälte das Sprechen geholt.
Aber sie schauten auf, als sei ich in Metall gegossen,
die rechte Hand auf dem Buch.

Und er nahm ihn von dem Volk besonders/
und legete ihm die Finger in die Ohren/
und spützet und rühret seine Zunge/
und sahe auf gen Himmel/ seufzet und sprach zu ihm:
Hepheta!/ das ist: Tu dich auf!

Es ist unerträglich, wie sie atmen
unter der Kanzel, dass der Chorraum dröhnt, und die Steine
starren mich an,
die gebrannten Gesichtshäute,
die Pfeiler: Höre!

Und da ist ein Pfirsichkern, liegt unter der Kanzel
und atmet,

wie eine Brustwarze bebt er und wird hart
zwischen den Lippen, der Kern seufzt auf:
Hepheta!

Da kommt er auf mich zu, Justus Jonas, mit dem Wasserbecher,
der das Licht spiegelt
in der Glasur, und ich bin geblendet,
solange ich Atem hole,
ist noch Zeit,
aber er streckt seine Hand aus, und sie kommt immer näher,
die Nägel, die rostigen Kuppen, nah wie ein Porträt.

Das ist so klein, wie etwas Pollen auf der Haut, das Geräusch:
Tu dich auf!

So wehrlos,
so erbarmungswürdig,
so verhakt auf meinen Jakobsleitern,
kaum merklich
warm,
so wie das Ohr einer Fledermaus offen:
Die ganze Welt ist voller Sprache.
Hepheta!

Da sitzen sie, und was aus meinem Mund dringt,
ist lautlos,
als würde ein Schnee über die Bänke treiben
und liegen,
still,
als ich stehe,
als ich den Becher nicht erreiche,
Zunge
taub in meinem Mund verharrt:
Hepheta!«

Luthers Leben und Tod
im Erzähl-Gedicht

Wartburg

Wilhelm Horkel (1909 – 2012)

Sommerlich blüht das Thüringer Land.
Berge und Wälder ein grünes Meer,
die Werra schimmert von ferne her.
Luther, jüngst im geliehenen Rittergewand,
zeigt sich den Freunden als Junker mit Bart,
unkenntlich fast, kraus behaart.
Er ist zur Schutzhaft freundlich verdammt,
weiß aber: Gott verlieh ihm sein hohes Amt,
Dolmetscher Christi! Hier muss er hausen,
wo ringsumher Wälder in Stürmen brausen.
So ist's sein Wille.
Hier wachse sein Werk in der Wartburgstille.
An der Bibel arbeitet er zwölf lange Jahre,
dass Gott sich auch dem gemeinen Mann offenbare.
Hier findet er Freunde, von niemand beleidigt,
hier wird die Sprache gehärtet, geschmeidigt,
aus dem Urgestein der Bibel löst er

»Klötze, Wacken und Schlacken«,
von brennendem Durst getrieben,
lernt er neu, was die Apostel geschrieben,
gönnt sich kein faules Behagen.
Hier hört er den Urlaut Gottes, den tiefsten Klang,
sein Atem geht durch seinen Mund.
Hier schöpft er den deutschen Psalm, das rettende Lied,
bohrend und bosselnd, der Wörter Schmied.
Nun kann das Evangelium wandern von Land zu Land.
Prediger werden ausgesandt,
dass allerorten das nährende Wort werde kund,
durch alle Länder, durch alle Epochen.

Gott hatte gesprochen.

Bauernkrieg

Wilhelm Horkel (1909 – 2012)

Aus dem Elsass, aus Franken, Thüringen, Schwaben
mit Sicheln, Sensen und Hämmern,
Gabeln und Messern traben
Bauern und Knechte, Männer und Weiber,
hungerdürr die geschundenen Leiber,
hügelwärts gegen die Schlösser.
Der Bundschuh befahl: alle Burgen zerhämmern,
keine Schonung den fürstlichen Schlemmern!
Sie fordern zorngestaut:
fort die Leibeigenschaft, fort alle Maut!
Indessen veröden die Felder, verfault das Kraut.
Tausend Feuer sind jäh entfacht,
wabern überall grell bis zur Mitternacht,
über Berg und Tal
ein einzig Fanal.
Der Morgenstern wütet landauf, landab –
doch die Ritter jagen die Bauern ins Grab.

Das aber war doch Luthers Lehr':
Wir Bauern sind des Herrn Jesu evangelisch Heer,
wir sind frei, sind Gottes Kinder!
Hinab zur Hölle unsere Schinder!
Sie diskutieren verworrn
in Zweifel und Zorn,
vermeinen, dem Evangelium zu dienen ...
Luther – ! Müntzer: der liegt schon tot,
erschlagen im Morgenrot.
Wer ist als falscher Prophet erschienen?

Wer hat sich Christus angelobt?
Luther tobt.

Tod

Wilhelm Horkel (1909 – 2012)

Fern der friedsamen Wartburgstille
letzte Arbeit an einer Postille.
Er fürchtet den nahenden Antichrist.
Dann noch ein Pamphlet, beschriftet:
»Wider das Papsttum, vom Teufel gestiftet«.

Im selben Dorf, wo Luther geboren ist,
schwer krank wagt er die letzte Reise,
quert über die Saale, die starrt vom Eise.
In einem Gasthof zu Eisleben ärmlich gebettet,
Käthe fern, keiner pflegt, keiner rettet.
Ihn plagt die Gicht,
Migräne sticht,
Herzkrämpfe schütteln ihn, der Darm ist vergiftet,
unstillbar Stunde um Stunde
blutet die ätzende Wunde.
Kalt und dann wieder fieberheiß
überläuft ihn der Todesschweiß.
Man sagt ihm: böse Säfte
verzehren die Kräfte.

Die Gräfin schickt dankbar noch acht Forellen
und lässt gnädig ihre guten Wünsche bestellen.
Denn Luther hat kürzlich einen gräflichen Streit
geschlichtet
und endlich Frieden geschaffen, so wird ihm berichtet.

Erhaben über den Dunst der Vergänglichkeit
gedenkt er noch immer der alten Zeit:
Erasmus, der skeptische Epikuräer,
Schwenckfeld, der altkluge Schmäher,
ein loses Klappermaul der Buzer,
Melanchthon der fürsichtige Federstutzer,
Zwingli frommklug, nur im Zeugnis schwach –
aber Staupitz: »Dem eifert' ich all meine Lebetage nach!
Er hat mich geboren,
sonst blieb' ich im Kloster verloren!«
Der Fittich seines Geistes schwingt noch immer
zum letzten Tage hin im Abendschimmer.
Schwer rollt das Wort aus seinem trocknen Munde,
als kam' es klaftertief aus einer Wunde:
»Ich bin nur ein armer Tropf, hatte nie Herrentage,
ich armes Windlicht Gottes ...« Dann die letzte Frage:
»Sind wir schon angelangt am Jüngsten Tage?«

Noch einmal öffnet Gott ihm die Gehöre,
aufwachend hört er hunderthäuptige Engelchöre,
genähert schon der Obern Schar.
Dann senkt sich seines Geschickes Waage.
Hernach auf einem Tische fand
man einen Zettel, beschrieben von letzter Hand:
»Wir sind Bettler, das ist wahr.«

Zeittafel zu Martin Luthers Leben

1483   Martin Luther wird am 10. November in Eisleben geboren und am 11. November in der St.-Petri-Pauli-Kirche auf den Namen des Tagesheiligen getauft

1488   Stadtschule Mansfeld, wohin Luthers Eltern, Hans (um 1458–1530) und Margarethe (um 1463–1531) Luder, übersiedeln

1497   Domschule Magdeburg

1498   Pfarrschule Eisenach

1501   Grundstudium der *artes liberales* an der Universität Erfurt; nach der Promotion zum *Magister artium* beginnt Luther im Frühjahr 1505 ein Studium an der Juristenfakultät

1505   nach einem Gelöbnis (»Hilf, heilige Anna, ich will ein Mönch werden!«) während eines Gewitters auf einem Fußmarsch nahe Stotternheim am 2. Juli Eintritt in das Schwarze Kloster der Augustiner-Eremiten in Erfurt am 17. Juli

1507   Priesterweihe am 3. April; Luther zelebriert die erste Messe als Priester (Primiz) am 2. Mai; auf Empfehlung von Johann von Staupitz (1465–1524), Generalvikar der deutschen Observanten-Kongregation des Augustinerordens, beginnt Luther das Studium der Theologie

1508	Vertretung einer Professur für Moralphilosophie an der Universität Wittenberg
1509	im Herbst Rückkehr nach Erfurt; Verleihung des Grades *Baccalaureus biblicus* und *Baccalaureus sententiarius*
1511	endgültige Versetzung nach Wittenberg
1511–1512	von November bis April Reise nach Rom in Ordensangelegenheiten
1511–1513	»Turmerlebnis« (Datierung unsicher, möglicherweise auch 1515 oder 1518): Ausgehend von einem Bibelvers (Röm 1,17: »Der Gerechte wird aus Glauben leben«) meditiert Luther die Gerechtigkeit Gottes als Gnadengeschenk, die dem Glaubenden ohne Vorbedingungen zugesprochen wird (reformatorische Entdeckung der Glaubensgerechtigkeit in Unterscheidung zur Werkgerechtigkeit)
1512	Subprior der Augustiner-Eremiten; im Oktober Promotion zum *Doctor Theologiae*; Luther erhält den Lehrstuhl für *Lectura in Biblia*, den er bis zum Lebensende innehat
1513–1518	Vorlesungen über den Psalter, Römer-, Galater-, Hebräerbrief
1514	Luther erhält Predigtauftrag an der Stadtkirche Wittenberg
1515–1518	Distriktsvikar der Augustiner-Eremiten, was mit einer umfangreichen Visitations- und Reisetätigkeit verbunden ist
1517	am 31. Oktober Veröffentlichung von 95 Thesen gegen Mißbräuche im Ablasswesen; Beginn des Ablassstreits

1518	im April stellt Luther die eigene Position während der Heidelberger Disputation dar, was ihm neue Anhänger zuführt; die Universität Wittenberg beruft Philipp Melanchthon (1497–1560), der Luthers wichtigster Mitstreiter wird; Verhör auf dem Reichstag in Augsburg durch Thomas Cajetan (1469–1534), Kardinal und Ordensgeneral der Dominikaner; in der Nacht vom 20. zum 21. Oktober Flucht aus Augsburg
1519	im Juli Leipziger Disputation mit Johannes Eck; Beginn der zweiten Vorlesung über den Psalter: *Operationes in Psalmos;* Verurteilung Luthers durch die Universitäten Köln und Löwen
1520	am 15. Juni unterzeichnet Papst Leo X. (1475–1521) die Bannandrohungsbulle *Exsurge Domini*; diese wird zusammen mit kirchlichen Rechtssammlungen von Luther vor dem Wittenberger Elstertor am 10. Dezember verbrannt; Luther veröffentlicht wichtige reformatorische Schriften: *Von der babylonischen Gefangenschaft der Kirche, An den christlichen Adel deutscher Nation, Von der Freiheit eines Christenmenschen*
1521	am 3. Januar Bannbulle *Decet Romanum Pontificem*, die die Exkommunikation Luthers ausspricht; Verhör vor dem Reichstag in Worms am 17. und 18. April; Verhängung der Reichsacht (»Wormser Edikt«); heimliche Entführung durch Luthers Landesherren, Kurfürst Friedrich den Weisen (1463–1525), auf die Wartburg; Aufenthalt von Mai 1521 bis März 1522 unter dem Decknamen Junker Jörg; Beginn der Arbeit an der Bibelübersetzung
1521/1522	Wittenberger Unruhen durch radikale Reformer wie Andreas Bodenstein, genannt Karlstadt (1482–1541), dessen Predigten zur Bilderstürmerei führen

1522	im März Rückkehr nach Wittenberg; Luthers acht Invokavit-Predigten in der Stadtkirche vom 9. bis 16. März lenken die Reformationsbewegung in gemäßigtere Bahnen; die Übersetzung des Neuen Testaments erscheint im Druck
1523	Beginn selbständiger Gemeindebildungen nach reformatorischem Bekenntnis
1523–1526	die Schriften *Von ordenung gottes diensts ynn der gemeine*, *Formula missae et communionis* und *Deutsche Messe* treiben die Reform des Gottesdienstes voran
1524	Luthers Dichtungen wie *Ein feste Burg ist unser Gott* oder *Vom Himmel hoch, da komm' ich her* führen zum Wittenberger Liederfrühling, der als Beginn des evangelischen Lieder- und Gesangbuchschaffens gilt; am 9. Oktober Klosteraustritt: Luther beendet die mönchische Lebensform
1524–1526	Bauernkriege; am 14. Mai 1525 Schlacht bei Frankenhausen; Thomas Müntzer (1489–1525) wird am 27. Mai 1525 hingerichtet
1525	am 13. Juni Eheschließung mit Katharina von Bora (1499–1552); am 27. Juni öffentliche Hochzeitsfeier; drei Söhne (Johannes 1526–1575, Martin 1531–1565, Paul 1533–1593) und drei Töchter (Elisabeth 1527–1528, Magdalena 1529–1542, Margarethe 1534–1570) werden geboren; Schrift *Wider die himmlischen Propheten* (gegen Karlstadt); Schrift *Vom unfreien Willen* (gegen Erasmus von Rotterdam [um 1467–1536])
1527–1528	Kirchenvisitation in Kursachsen als Beginn des landesherrlichen Kirchenregiments
1529	Luther veröffentlicht den *Kleinen* und den *Großen Katechismus*; Marburger Religionsgespräch zwischen

Wittenberger und Schweizer Reformatoren über das Abendmahlsverständnis

1530   Reichtstag in Augsburg mit der Verabschiedung der *Confessio Augustana*, dem Grundbekenntnis der lutherischen Kirche; wegen der verhängten Reichsacht verbleibt Luther von April bis Oktober auf der nahe gelegenen Veste Coburg in Sicherheit

1531   Gründung des Schmalkaldischen Bundes als Schutzbündnis des protestantischen Lagers gegen Kaiser Karl V. (1500–1558)

1531–1545 Großer Galaterkommentar; Genesisvorlesung

1534   die erste vollständige Bibelübersetzung erscheint im Druck: *Biblia das ist die gantze Heilige Schrifft Deudsch*

1536   *Wittenberger Konkordie* als Versuch, eine innerreformatorische Einigung vor allem in der Abendmahlsfrage zu erreichen

1537   Luther veröffentlicht die *Schmalkaldischen Artikel* als Vorbereitung für ein vom Papst ausgeschriebenes Konzil

1539   Schrift *Von den Konziliis und Kirchen*

1540–1541 Religionsgespräche von Hagenau, Worms, Regensburg

1546   am 18. Februar stirbt Luther in seiner Geburtsstadt Eisleben, wohin er gerufen wird, um Streitigkeiten zwischen den Grafen von Mansfeld zu schlichten; Tage zuvor bricht Luther eine Predigt ab mit den Worten: »Ich bin zu schwach, wir wollen es hierbei bleiben lassen«; Beisetzung am 22. Februar in der Schlosskirche Wittenberg

Quellen

1   Kurt Aland, Martin Luther in der modernen Literatur. Ein kritischer Dokumentarbericht, Witten/Berlin 1973; Heinrich Bornkamm, Luther im Spiegel der deutschen Geistesgeschichte, Heidelberg 1955; Hermann Glaser, Karl Heinz Stahl, Luther gestern und heute. Texte zu einer deutschen Gestalt, Frankfurt am Main 1983; Johann Baptist Müller (Hg.), Die Deutschen und Luther. Texte zur Geschichte und Wirkung, Stuttgart 1983.

2   Thomas Mann, Deutschland und die Deutschen, in: Gesammelte Werke in dreizehn Bänden, Bd. XI, Frankfurt am Main 1990, S. 1132 – 1134.

3   Wilhelm Bartsch, in: http://www.kunstplattform-halle.de [aufgerufen am 15. 5. 2013].

4   Walter Mostert, Art. Luther III (Wirkungsgeschichte), in: Theologische Realenzyklopädie, Bd. 21, 1991, S. 581.

5   Alfred Knabe, Reinhold Zellmann (Hg.), Luther und sein Werk. Eine Sammlung deutscher Gedichte, Halle (Saale) o. J.

6   Marcel Reich-Ranicki, Die Lyrik – brauchen wir sie wirklich?, in: Der Kanon. Die Geschichte und ihre Autoren. Mit einer Einführung von Marcel Reich-Ranicki, Frankfurt am Main 2005, S. 17.

7   Hans Magnus Enzensberger, gebrauchsanweisung, in: Hans Magnus Enzensberger, landessprache, Frankfurt am Main ¹1960, Beiblatt.

8   Ludwig Reiners (Hg.), Der ewige Brunnen. Ein Hausbuch deutscher Dichtung, München ²1985, S. 6f.

Quellennachweise

Wilhelm Horkel (1909–2012), **Herkunft**, in: Wilhelm Horkel, Luther zu Ehren. Erzähl-Gedichte über Luther und die Reformation, Neuendettelsau 2010, S. 8

Wilhelm Horkel (1909–2012), **Die Thesen**, in: a. a. O., S. 13f.

Wilhelm Horkel (1909–2012), **Worms**, in: a. a. O., S. 16

Hans Sachs (1494–1576), **Die wittenbergische Nachtigall, die man jetzt höret überall**, in: Martin Luther, dargestellt von seinen Freunden und Zeitgenossen, hg. v. Martin Hürlimann, Berlin 1933, S. 25–43

Friedrich von Logau (1605–1655), **Dreierlei Glauben**, in: Marianne Bernhard (Hg.), Martin Luther Hausbuch. Der Mensch – Reformator und Familienvater – in seinen Liedern, Sprüchen, Tischreden, Schriften und Briefen, Bayreuth 1983, S. 605

Daniel Georg Morhof (1639–1691), **Auf Doktor Martin Luther**, in: a.a.O., S. 605

Friedrich Gottlieb Klopstock (1724–1803), **Die deutsche Bibel**, in: Luther gestern und heute, hg. v. Hermann Glaser und Karl Heinz Stahl, Frankfurt am Main 1983, S. 126f.

Johann Gottfried Herder (1744–1803), **[Luther]**, in: Johann Gottfried Herder, Sämtliche Werke, 15. Teil: Gedichte, 1. Teil, hg. v. Johann Georg Müller, Stuttgart / Tübingen 1817, S. 240

Johann Gottfried Herder (1744–1803), **Reformation**, in: Marianne Bernhard (Hg.), Martin Luther Hausbuch. Der Mensch – Reformator und Familienvater – in seinen Liedern, Sprüchen, Tischreden, Schriften und Briefen, Bayreuth 1983, S. 610

Johann Wolfgang von Goethe (1749–1832), **Dem 31. Oktober 1817**, in: Johann Wolfgang Goethe, Gedichte 1800–1832, hg. v. Karl Eibl (Johann Wolfgang Goethe, Sämtliche Werke. Briefe, Tagebücher und Gespräche, Abteilung I, Bd. 2), Frankfurt am Main 1988, S. 528

Johann Wolfgang von Goethe (1749–1832), **[Hört, ihr Herrn]**, in: Marianne Bernhard (Hg.), Martin Luther Hausbuch. Der Mensch – Reformator und Familienvater – in seinen Liedern, Sprüchen, Tischreden, Schriften und Briefen, Bayreuth 1983, S. 613

Friedrich Schiller (1759–1805), **[Schwere Ketten drückten alle]**, in: Friedrich Schiller, Sämtliche Werke in 5 Bänden, Bd. 1, hg. v. Peter André Alt, Albert Meier, Wolfgang Riedel, München 2004, S. 476

Theodor (1791–1813), **Luthers Monolog, eh' er in die Reichsversammlung geht. Dramatisches Fragment**, in: Luther und sein Werk. Eine Sammlung deutscher Gedichte, hg. v. Alfred Knabe und Reinhold Zellmann, Halle (Saale) o. J., S. 41f.

August Heinrich Hoffmann von Fallersleben (1798–1874), **Licht und Schatten**, in: August Heinrich Hoffmann von Fallersleben, Unpolitische Lieder, Teil 1, Hamburg 1840

August Heinrich Hoffmann von Fallersleben (1798–1874), **Kirchenhistorisches**, in: August Heinrich Hoffmann von Fallersleben, Unpolitische Lieder, Teil 2, Hamburg 1842

David Friedrich Strauß (1808–1874), **Glosse**, in: Ludwig Reiners (Hg.), Der ewige Brunnen. Ein Hausbuch deutscher Dichtung, München, ²1985, S. 648

Emanuel Geibel (1815–1884), **Reformation**, in: Emanuel Geibels Gesammelte Werke in acht Bänden, Bd. 3, Stuttgart 1883, S. 220

Gottfried Keller (1819–1890), **Reformation**, in: Gottfried Keller, Gedichte in einem Band, Frankfurt 1998, S. 99

Theodor Fontane (1819–1898), **[Tritt ein für deines Herzens Meinung] Aus den Sprüchen Nr. 7**, in: Theodor Fontane, Gedichte I (Große Brandenburger Ausgabe), hg. v. Joachim Krueger und Anita Golz, Berlin ²1995, S. 24f.

Conrad Ferdinand Meyer (1825–1898), **Die deutsche Bibel**, in: Conrad Ferdinand Meyer, Sämtliche Werke in zwei Bänden, hg. v. Hermann Engelhard, Bd. 1, Essen o.J., S. 259f.

Conrad Ferdinand Meyer (1825–1898), **Luther**, in: a. a. O., S. 260

Conrad Ferdinand Meyer (1825–1898), **Lutherlied**, in: a. a. O., S. 200–202

Gerhart Hauptmann (1862–1946), **Lutherzelle auf der Wartburg**, in: Gerhart Hauptmann, Sämtliche Werke (Centenar-Ausgabe Bd. 8), hg. v. Hans-Georg Hass, Frankfurt am Main 1966, S. 1033f.

Börries von Münchhausen (1874–1945), **[Ob lutherischer oder päpstlicher Christ] Aus den Sprüchen Nr. 1**, in: Das Liederbuch des Freiherrn Börries von Münchhausen. Ausgabe letzter Hand, Stuttgart 1953, S. 284

Gottfried Benn (1886-1956), **Was meinte Luther mit dem Apfelbaum?**, in: Johann Hinrich Claussen (Hg.), Spiegelungen. Biblische Texte und moderne Lyrik. Eine Anthologie, Zürich 2004, S. 197

Ludwig Bäte (1892–1977), **Luther**, in: Ludwig Bäte, Weimarer Elegie. Gedichte von Ludwig Bäte, Berlin 1961, S. 7

Rudolf Otto Wiemer (1905–1998), **Kriegschoral**, in: Rudolf Otto Wiemer, Der Augenblick ist noch nicht vorüber. Ausgewählte Gedichte, Stuttgart 2001, S. 113

Heinz Erhardt (1909–1979), **Anhänglichkeit**, in: Das große Heinz Ehrhardt Buch, Oldenburg 2009

Richard Willy Biesold (1910–1996), **Die Wormser Nacht**, in: Detlev Block, Das unzerreißbare Netz – Beispiele christlicher Lyrik heute, Hamburg 1968, S. 46

Kurt Marti (geb. 1921), **gerecht**, in: Kurt Marti, Werkauswahl in 5 Bänden, Bd. 5, Zürich / Frauenfeld 1996, S. 235

Erich Fried (1921–1988), **Nach 500 Jahren**, in: Erich Fried, Gesammelte Werke, Bd. 3, hg. v. Volker Kaukoreit und Klaus Wagenbach, Berlin 2006, S. 199

Inge Meidinger-Geise (1923–2007), **Martin Luther**, in: Erhard Domay, Johannes Jourdan, Horst Nitschke (Hg.), Rufe. Religiöse Lyrik der Gegenwart 1, Gütersloh 1979, S. 48

Eva Zeller (geb. 1923), **Warumb**, in: Eva Zeller, Halleluja in Moll. Gedichte, Oberhausen 2013, S. 17

Eva Zeller (geb. 1923), **Was ich Luther sagen wollte**, in: a. a. O., S. 39

Eva Zeller (geb. 1923), **Luther und die Lutherin**, in: Eva Zeller, Die Lutherin. Spurensuche nach Katharina von Bora, München 2000, S. 83f.

Detlev Block (geb. 1934), **Lutherischer Augenblick**, in: Detlev Block, Lichtwechsel. Gesammelte Gedichte, Göttingen 1999, S. 384

Kurt Hutterli (geb. 1944), **Tischrede**, in: Erhard Domay, Johannes Jourdan, Horst Nitschke (Hg.), Rufe. Religiöse Lyrik der Gegenwart 1, Gütersloh 1979, S. 29

Wilhelm Bartsch (geb. 1950), **Martins Let It Be**, © Edition Ornamente, quartus-Verlag, Jena 2011

Christian Lehnert (geb. 1969), **Bruder Martin (Drei Sätze von Martin Luther)**, unveröffentlicht

Wilhelm Horkel (1909 – 2012), **Wartburg**, in: Wilhelm Horkel, Luther zu Ehren. Erzähl-Gedichte über Luther und die Reformation, Neuendettelsau 2010, S. 14f.

Wilhelm Horkel (1909 – 2012), **Bauernkrieg**, in: a. a. O., S. 17

Wilhelm Horkel (1909 – 2012), **Tod**, in: a. a. O., S. 29f.

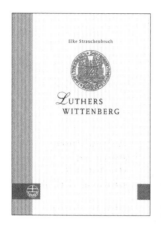

Wie in einer Zeitreise führt uns die Autorin zurück in das Wittenberg von Martin Luther. Erstmals wird damit ein literarischer Stadtrundgang der besonderen Art vorgelegt. Er lädt zu einem Spaziergang durch Wittenbergs Weltkulturerbe ein, wie es über fünfhundert Jahre erhalten geblieben ist. Das Buch vermittelt zugleich Hintergrundwissen zum geistigen Klima jener Stadt, in der die Reformation durch Luthers berühmte Thesen ihren Anfang nahm. Belegt durch zahlreiche Lutherzitate erwacht das Alltags- und Geistesleben der Lutherstadt. Man spürt hautnah, wie vor über fünfhundert Jahren gelebt, gelitten, geliebt und gelacht, aber auch gedacht wurde.